제대로 영작문

4

완성

장재영

유명 어학원과 영어학원에서 강의하면서 강사, 부원장, 원장을 역임.
(전) 리딩스타어학원 디렉터
(전) 청담어학원 원장
(전) 아발론교육 원장
(전) 고려대학교 국제어학원 영어교육프로그램 EiE 원장
(현) 슬기로운 영어학원 원장
특목고, 대학교 진로 진학 컨설팅

저서 『쓰담쓰담 내신영문법』 시리즈
『시험에 강한 중학영문법』 시리즈

제대로 영작문 4 완성

지은이 장재영
펴낸이 정규도
펴낸곳 ㈜다락원

초판 1쇄 발행 2018년 1월 2일
개정판 2쇄 발행 2024년 6월 27일

편집 김민아, 홍인표
디자인 구수정, 황수영
영문 감수 Mark Holden
일러스트 윤미선

다락원 경기도 파주시 문발로 211
내용 문의 (02)736-2031 내선 504
구입 문의 (02)736-2031 내선 250~252
Fax (02)732-2037
출판 등록 1977년 9월 16일 제406-2008-000007호

ISBN 978-89-277-8075-5 54740
978-89-277-8071-7 54740 (set)

www.darakwon.co.kr
다락원 홈페이지를 방문하시면 상세한 출판정보와 함께 동영상강좌, MP3 자료 등 다양한 어학 정보를 얻으실 수 있습니다.

제대로 영작문 4

완성

DARAKWON

구성과 특징

서술형·수행평가 만점을 만드는
제대로 영작문 • 4

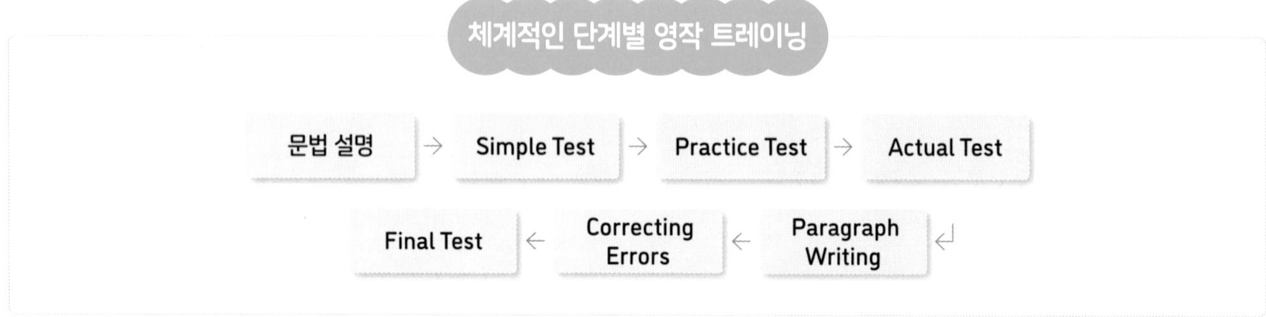

How to Study

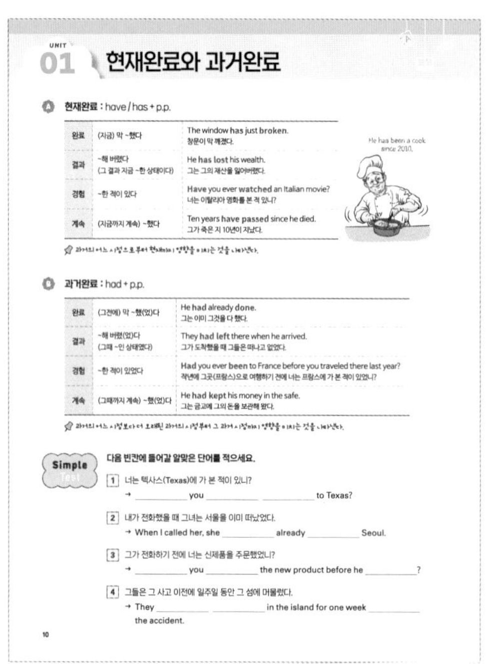

UNIT 01 현재완료와 과거완료

A 현재완료 : have / has + p.p.

완료	(지금) 막 ~했다	The window **has** just **broken**. 창문이 막 깨졌다.
결과	~해 버렸다 (그 결과 지금 ~한 상태이다)	He **has lost** his wealth. 그는 그의 재산을 잃어버렸다.
경험	~한 적이 있다	**Have** you ever **watched** an Italian movie? 너는 이탈리아 영화를 본 적 있니?
계속	(지금까지 계속) ~했다	Ten years **have passed** since he died. 그가 죽은 지 10년이 지났다.

He has been a cook since 2010.

과거의 어느 시점으로부터 현재까지 영향을 미치는 것을 나타낸다.

B 과거완료 : had + p.p.

완료	(그전에) 막 ~했(었)다	He **had** already **done**. 그는 이미 그것을 다 했다.
결과	~해 버렸(었)다 (그때 ~인 상태였다)	They **had left** there when he arrived. 그가 도착했을 때 그들은 떠나고 없었다.
경험	~한 적이 있었다	**Had** you ever **been** to France before you traveled there last year? 작년에 그곳(프랑스)으로 여행하기 전에 너는 프랑스에 가 본 적이 있었니?
계속	(그때까지 계속) ~했(었)다	He **had kept** his money in the safe. 그는 금고에 그의 돈을 보관해 왔다.

과거의 어느 시점보다 더 오래된 과거의 시점부터 그 과거 시점까지 영향을 미치는 것을 나타낸다.

Simple Test

다음 빈칸에 들어갈 알맞은 단어를 적으세요.

1 너는 텍사스(Texas)에 가 본 적이 있니?
→ ________ you ________ ________ to Texas?

2 내가 전화했을 때 그녀는 서울을 이미 떠났었다.
→ When I called her, she ________ already ________ Seoul.

3 그가 전화하기 전에 너는 신제품을 주문했었니?
→ ________ you ________ the new product before he ________?

4 그들은 그 사고 이전에 일주일 동안 그 섬에 머물렀다.
→ They ________ ________ in the island for one week ________ the accident.

10

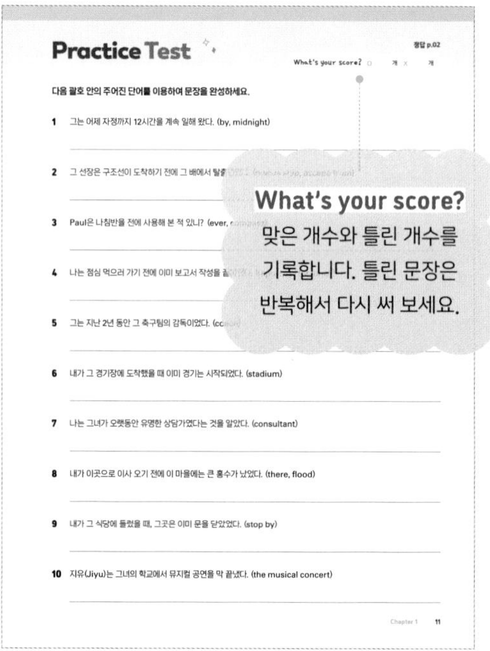

Practice Test

정답 p.02

What's your score? O 개 X 개

다음 괄호 안의 주어진 단어를 이용하여 문장을 완성하세요.

1 그는 어제 자정까지 12시간을 계속 일해 왔다. (by, midnight)

2 그 선장은 구조선이 도착하기 전에 그 배에서 탈출

3 Paul은 나침반을 전에 사용해 본 적 있니? (ever,

4 나는 점심 먹으러 가기 전에 이미 보고서 작성을

5 그는 지난 2년 동안 그 축구팀의 감독이었다. (co

6 내가 그 경기장에 도착했을 때 이미 경기는 시작되었다. (stadium)

7 나는 그녀가 오랫동안 유명한 상담가였다는 것을 알았다. (consultant)

8 내가 이곳으로 이사 오기 전에 이 마을에는 큰 홍수가 났었다. (there, flood)

9 내가 그 식당에 들렀을 때, 그곳은 이미 문을 닫았었다. (stop by)

10 지유(Jiyu)는 그녀의 학교에서 뮤지컬 공연을 막 끝냈다. (the musical concert)

Chapter 1 11

1 문법 설명

영작에 꼭 필요한 핵심 문법을 재미있는 삽화와 암기 팁 등과 함께 공부할 수 있습니다.

2 Simple Test

간단한 빈칸 채우기 문제로 문법에 대한 이해도를 확인합니다.

3 Practice Test

주어진 단어를 활용하여 비교적 짧고 쉬운 문장을 써 보는 연습 문제입니다.

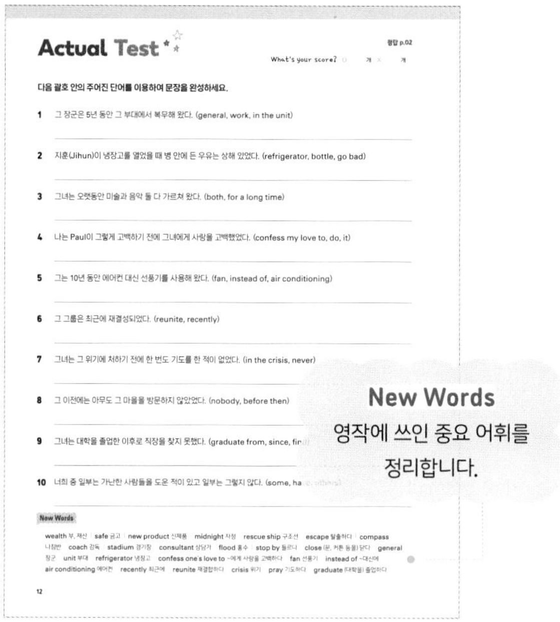

Actual Test

What's your score? 개 / 개

정답 p.02

다음 괄호 안의 주어진 단어를 이용하여 문장을 완성하세요.

1 그 장군은 5년 동안 그 부대에서 복무해 왔다. (general, work, in the unit)

2 지훈(Jihun)이 냉장고를 열었을 때 병 안에 든 우유는 상해 있었다. (refrigerator, bottle, go bad)

3 그녀는 오랫동안 미술과 음악 둘 다 가르쳐 왔다. (both, for a long time)

4 나는 Paul이 그렇게 고백하기 전에 그녀에게 사랑을 고백했었다. (confess my love to, do, it)

5 그는 10년 동안 에어컨 대신 선풍기를 사용해 왔다. (fan, instead of, air conditioning)

6 그 그룹은 최근에 재결성되었다. (reunite, recently)

7 그녀는 그 위기에 처하기 전에 한 번도 기도를 한 적이 없었다. (in the crisis, never)

8 그 이전에는 아무도 그 마을을 방문하지 않았었다. (nobody, before then)

9 그녀는 대학을 졸업한 이후로 직장을 찾지 못했다. (graduate from, since, fir...

10 너희 중 일부는 가난한 사람들을 도운 적이 있고 일부는 그렇지 않다. (some, ha...

New Words

wealth 부, 재산 safe 금고 new product 신제품 midnight 자정 rescue ship 구조선 escape 탈출하다 compass 나침반 coach 감독 stadium 경기장 consultant 상담가 flood 홍수 stop by 들르다 close (문, 가게 등을) 닫다 general 장군 unit 부대 refrigerator 냉장고 confess one's love to ~에게 사랑을 고백하다 fan 선풍기 instead of ~대신에 air conditioning 에어컨 recently 최근에 reunite 재결합하다 crisis 위기 pray 기도하다 graduate (대학을) 졸업하다

12

4 Actual Test

이제는 비교적 어려운 문장도 영작해보면서
문장을 자기 것으로 만듭니다.

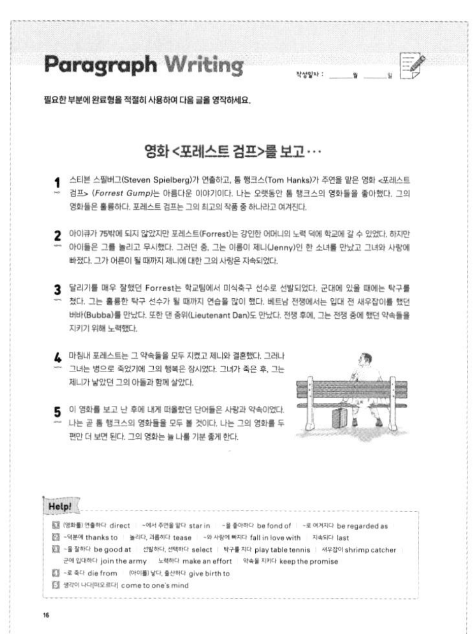

Paragraph Writing

작성일자 : 월 일

필요한 부분에 완료형을 적절히 사용하여 다음 글을 영작하세요.

영화 <포레스트 검프>를 보고…

1 스티븐 스필버그(Steven Spielberg)가 연출하고, 톰 행크스(Tom Hanks)가 주연을 맡은 영화 <포레스트 검프> (Forrest Gump)는 아름다운 이야기이다. 나는 오랫동안 톰 행크스의 영화들을 좋아했다. 그의 영화들은 훌륭하다. 포레스트 검프는 그의 최고의 작품 중 하나라고 여겨진다.

2 아이큐가 75밖에 되지 않았지만 포레스트(Forrest)는 강인한 어머니의 노력 덕에 학교에 갈 수 있었다. 하지만 아이들은 그를 놀리고 무시했다. 그러던 중, 그는 이름이 제니(Jenny)인 한 소녀를 만났고 그녀와 사랑에 빠졌다. 그가 어른이 될 때까지 제니에 대한 그의 사랑은 지속되었다.

3 달리기를 매우 잘했던 Forrest는 학교팀에서 미식축구 선수로 선발되었다. 군대에 있을 때에는 탁구를 쳤다. 그는 훌륭한 탁구 선수가 될 때까지 연습을 많이 했다. 베트남 전쟁에서는 입대 전 새우잡이를 했던 버바(Bubba)를 만났다. 또한 댄 중위(Lieutenant Dan)도 만났다. 전쟁 후에, 그는 전쟁 중에 했던 약속들을 지키기 위해 노력했다.

4 마침내 포레스트는 그 약속들을 모두 지켰고 제니와 결혼했다. 그러나 그녀는 병으로 죽었기에 그의 행복은 잠시였다. 그녀가 죽은 후, 그는 제니가 낳았던 그의 아들과 함께 살았다.

5 이 영화를 보고 난 후에 내게 떠올랐던 단어들은 사랑과 약속이었다. 나는 곧 톰 행크스의 영화를 모두 볼 것이다. 나는 그의 영화를 두 편만 더 보면 된다. 그의 영화는 늘 나를 기분 좋게 한다.

Help!

1 (영화를) 연출하다 direct ~에서 주연을 맡다 star in ~을 좋아하다 be fond of ~로 여겨지다 be regarded as
2 ~덕분에 thanks to 놀리다, 괴롭히다 tease ~와 사랑에 빠지다 fall in love with 지속되다 last
3 ~을 잘하다 be good at 선발하다, 선택하다 select 탁구를 치다 play table tennis 새우잡이 shrimp catcher 군에 입대하다 join the army 노력하다 make an effort 약속을 지키다 keep the promise
4 ~로 죽다 die from (아이를) 낳다, 출산하다 give birth to
5 생각이 나다(떠오르다) come to one's mind

16

5 Paragraph Writing

Chapter가 끝날 때마다 배운 문법을 최대한 활용하여
다양한 에세이를 써 봅니다.

Correcting Errors

What's your score? 개 / 개

정답 p.04

다음 우리말과 같은 뜻이 되도록 어색한 부분을 바르게 고쳐 문장을 다시 쓰시오.

1 They lived in Incheon since 2020.
→
그들은 2020년 이후로 인천에 살았다.

2 Have she already finished her task?
→
그녀는 벌써 그녀의 일을 끝냈니?

3 I will have live in Toronto for ten years by next year.
→
내년이면 내가 토론토에 산 지 10년이 되는 셈이다.

4 Mom had been washed the dishes when I saw her.
→
내가 엄마를 봤을 때 엄마는 설거지를 하고 계셨다.

5 He was been playing the computer game since this morning.
→
그는 오늘 아침부터 컴퓨터 게임을 하고 있다.

6 I studied English since I was a child.
→
나는 어릴 때부터 영어를 공부해왔다.

7 Jack has been knowing Jenny for ten years.
→
Jack은 10년 동안 Jenny를 알고 있다.

8 She doesn't have visited her hometown since 2022.
→
그녀는 2022년 이후로 그녀의 고향을 방문한 적이 없다.

18

6 Correcting Errors

우리말과 같은 뜻이 되도록 문장을 바르게 고친 후,
전체 문장을 다시 써 봅니다.

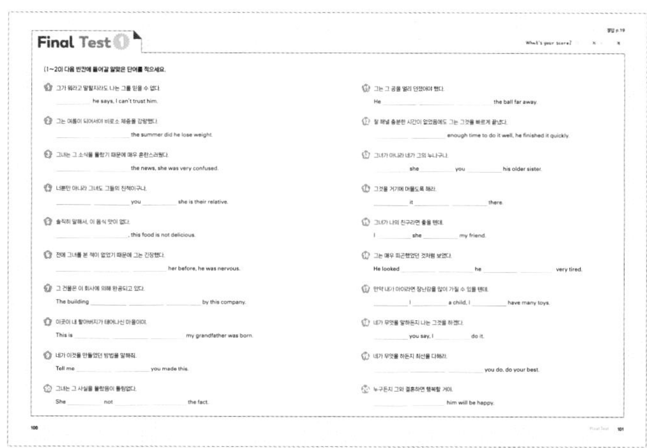

Final Test 1

What's your score? 개 / 개

정답 p.16

(1~20) 다음 빈칸에 들어갈 알맞은 단어를 적으세요.

1 그가 뭐라고 말할지라도 나는 그를 믿을 수 없다.
_____ he says, I can't trust him.

2 그는 여름이 되어서야 비로소 체중을 감량했다.
_____ the summer did he lose weight.

3 그녀는 그 소식을 들었기 때문에 매우 혼란스러웠다.
_____ the news, she was very confused.

4 너뿐만 아니라 그녀도 그들의 친척이구나.
_____ you _____ she is their relative.

5 솔직히 말해서, 이 음식 맛이 없다.
_____, this food is not delicious.

6 전에 그녀를 본 적이 없었기 때문에 그는 긴장했다.
_____ her before, he was nervous.

7 그 건물은 이 회사에 의해 완공되고 있다.
The building _____ by this company.

8 이곳이 내 할아버지가 태어나신 마을이다.
This is _____ my grandfather was born.

9 네가 이것을 만들었던 방법을 말해줘.
Tell me _____ you made this.

10 그녀는 그 사실을 몰랐음이 틀림없다.
She _____ not _____ the fact.

11 그는 그 공을 멀리 던졌어야 했다.
He _____ the ball far away.

12 잘 해낼 충분한 시간이 없었음에도 그는 그것을 빠르게 끝냈다.
_____ enough time to do it well, he finished it quickly.

13 그녀가 아니라 내가 그의 누나구나.
_____ she _____ you _____ his older sister.

14 그것을 거기에 머물도록 해라.
_____ it _____ there.

15 그녀가 나의 친구라면 좋을 텐데.
I _____ she _____ my friend.

16 그는 매우 피곤했었던 것처럼 보였다.
He looked _____ he _____ very tired.

17 만약 내가 아이라면 장난감을 많이 가질 수 있을 텐데.
_____ I _____ a child, I _____ have many toys.

18 네가 무엇을 말하든지 나는 그것을 하겠다.
_____ you say, I _____ do it.

19 네가 무엇을 하든지 최선을 다해라.
_____ you do, do your best.

20 누구든지 그와 결혼하면 행복할 거야.
_____ him will be happy.

100 Final Test 101

7 Final Test

모든 Chapter의 학습을 마친 후 앞서 배운 내용을 최종 점검합니다.
내신 서술형 평가와 수행평가는 물론 수능 어법 유형까지
제대로 대비하세요!

목차

Chapter 1 완료

UNIT 01

현재완료와 과거완료

Ⓐ 현재완료 : have / has + p.p.

완료	(지금) 막 ~했다	The window **has** just **broken**. 창문이 막 깨졌다.
결과	~해 버렸다 (그 결과 지금 ~한 상태이다)	He **has lost** his wealth. 그는 그의 재산을 잃어버렸다.
경험	~한 적이 있다	**Have** you ever **watched** an Italian movie? 너는 이탈리아 영화를 본 적 있니?
계속	(지금까지 계속) ~했다	Ten years **have passed** since he died. 그가 죽은 지 10년이 지났다.

과거의 어느 시점으로부터 현재까지 영향을 미치는 것을 나타낸다.

Ⓑ 과거완료 : had + p.p.

완료	(그전에) 막 ~했(었)다	He **had** already **done**. 그는 이미 그것을 다 했다.
결과	~해 버렸(었)다 (그때 ~인 상태였다)	They **had left** there when he arrived. 그가 도착했을 때 그들은 떠나고 없었다.
경험	~한 적이 있었다	**Had** you ever **been** to France before you traveled there last year? 작년에 그곳(프랑스)으로 여행하기 전에 너는 프랑스에 가 본 적이 있었니?
계속	(그때까지 계속) ~했(었)다	He **had kept** his money in the safe. 그는 금고에 그의 돈을 보관해 왔다.

과거의 어느 시점보다 더 오래된 과거의 시점부터 그 과거 시점까지 영향을 미치는 것을 나타낸다.

Simple Test

다음 빈칸에 들어갈 알맞은 단어를 적으세요.

1 너는 텍사스(Texas)에 가 본 적이 있니?
→ ____________ you ____________ ____________ to Texas?

2 내가 전화했을 때 그녀는 서울을 이미 떠났었다.
→ When I called her, she ____________ already ____________ Seoul.

3 그가 전화하기 전에 너는 신제품을 주문했었니?
→ ____________ you ____________ the new product before he ____________?

4 그들은 그 사고 이전에 일주일 동안 그 섬에 머물렀다.
→ They ____________ ____________ in the island for one week ____________ the accident.

Practice Test

정답 p.02

What's your score? O 개 X 개

다음 괄호 안의 주어진 단어를 이용하여 문장을 완성하세요.

1 그는 어제 자정까지 12시간을 계속 일해 왔다. (by, midnight)

2 그 선장은 구조선이 도착하기 전에 그 배에서 탈출했었다. (rescue ship, escape from)

3 Paul은 나침반을 전에 사용해 본 적 있니? (ever, compass)

4 나는 점심 먹으러 가기 전에 이미 보고서 작성을 끝마쳤다. (report, go for lunch)

5 그는 지난 2년 동안 그 축구팀의 감독이었다. (coach)

6 내가 그 경기장에 도착했을 때 이미 경기는 시작되었다. (stadium)

7 나는 그녀가 오랫동안 유명한 상담가였다는 것을 알았다. (consultant)

8 내가 이곳으로 이사 오기 전에 이 마을에는 큰 홍수가 났었다. (there, flood)

9 내가 그 식당에 들렀을 때, 그곳은 이미 문을 닫았었다. (stop by)

10 지유(Jiyu)는 그녀의 학교에서 뮤지컬 공연을 막 끝냈다. (the musical concert)

정답 p.02

What's your score? O 개 X 개

다음 괄호 안의 주어진 단어를 이용하여 문장을 완성하세요.

1 그 장군은 5년 동안 그 부대에서 복무해 왔다. (general, work, in the unit)

____

2 지훈(Jihun)이 냉장고를 열었을 때 병 안에 든 우유는 상해 있었다. (refrigerator, bottle, go bad)

____

3 그녀는 오랫동안 미술과 음악 둘 다 가르쳐 왔다. (both, for a long time)

____

4 나는 Paul이 그렇게 고백하기 전에 그녀에게 사랑을 고백했었다. (confess my love to, do, it)

____

5 그는 10년 동안 에어컨 대신 선풍기를 사용해 왔다. (fan, instead of, air conditioning)

____

6 그 그룹은 최근에 재결성되었다. (reunite, recently)

____

7 그녀는 그 위기에 처하기 전에 한 번도 기도를 한 적이 없었다. (in the crisis, never)

____

8 그 이전에는 아무도 그 마을을 방문하지 않았었다. (nobody, before then)

____

9 그녀는 대학을 졸업한 이후로 직장을 찾지 못했다. (graduate from, since, find)

____

10 너희 중 일부는 가난한 사람들을 도운 적이 있고 일부는 그렇지 않다. (some, have, others)

____

New Words

wealth 부, 재산 | safe 금고 | new product 신제품 | midnight 자정 | rescue ship 구조선 | escape 탈출하다 | compass 나침반 | coach 감독 | stadium 경기장 | consultant 상담가 | flood 홍수 | stop by 들르다 | close (문, 커튼 등을) 닫다 | general 장군 | unit 부대 | refrigerator 냉장고 | confess one's love to ~에게 사랑을 고백하다 | fan 선풍기 | instead of ~대신에 | air conditioning 에어컨 | recently 최근에 | reunite 재결합하다 | crisis 위기 | pray 기도하다 | graduate (대학을) 졸업하다

UNIT 

02 미래완료, 완료 진행형

A 미래완료

1 **형태 :** will [shall] have p.p.

2 **의미 :** 미래의 어느 시점을 기준으로 그 이전부터 그때까지 어떤 상태나 동작이 완료될 것임을 의미한다.

3 **해석 :** '~해 있을 것이다, ~한 셈이 된다'

He **will have lived** in Yongin for six years next month.
그는 다음 달이면 용인에 산 지 6년이 되는 셈이다.

4 **시간/조건을 나타내는 부사절은 종속절에 미래완료 대신에 현재완료를 써야 한다.**

I am going to see a movie when I **have finished** the exam. (O) 시험이 끝나면 난 영화를 볼 예정이다.

I am going to see a movie when I will have finished the exam. (X)

B 완료 진행형

1 **현재완료 진행형 「have [has] been -ing」 :** 과거에서 현재까지 계속 진행되고 있는 경우를 나타낸다.

The baby **has been crying** since the morning. 그 아기는 아침부터 계속 울고 있다.

상태를 나타내는 동사(have, know, believe, see, like, love, want, hate, resemble 등)는 현재완료 진행형이 아닌 현재완료를 쓴다.

ex He **has known** her since he was young. (O) 그는 어렸을 때부터 그녀를 알고 있었다.

He has been knowing her since he was young. (X)

2 **과거완료 진행형 「had been -ing」 :**
더 오래된 과거부터 어느 시점의 과거까지 계속 진행되는 경우를 나타낸다.

He **had been reading** the newspaper when I arrived.
내가 도착했을 때 그는 신문을 읽고 있었다.

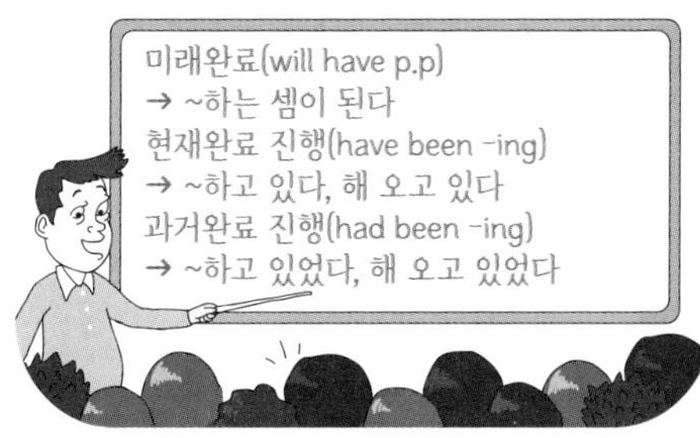

미래완료(will have p.p)
→ ~하는 셈이 된다
현재완료 진행(have been -ing)
→ ~하고 있다, 해 오고 있다
과거완료 진행(had been -ing)
→ ~하고 있었다, 해 오고 있었다

다음 빈칸에 들어갈 알맞은 단어를 적으세요.

1 나는 토요일까지면 그의 차를 수리해 놓을 것이다.
→ I ________ ________ ________ his car by Saturday.

2 다음 달이면 그들은 결혼한 지 7년이 되는 셈이다.
→ They ________ ________ ________ ________ for seven years by next month.

3 그들은 한 시간 동안 그녀를 찾고 있다.
→ They ________ ________ ________ for her for an hour.

Practice Test

정답 p.02

What's your score? O 개 X 개

다음 괄호 안의 주어진 단어를 이용하여 문장을 완성하세요.

1 그는 올해 연말이면 천 달러를 기부한 셈이 된다. (donate, thousand)

2 오늘 이따가 우리가 만날 때면 그녀는 파리(Paris)행 비행기 표 두 장을 예약해 놓았을 것이다. (reserve, later today)

3 그는 7시간 동안 그녀를 기다리고 있다.

4 그녀는 늘 그가 믿을 만한 사람이라고 생각해 왔다. (think of A as B, someone, trust)

5 우리가 집에 도착했을 때 엄마는 저녁을 요리해 놓았을 것이다. (get home)

6 내년이면, 나는 그 축구팀의 팬이 된 지 5년이 되는 셈이다.

7 Tom은 숙제를 열심히 해 오고 있었기 때문에 조금 피곤했다. (because, work hard on)

8 그는 그녀에게 3시간 동안 문자를 보내고 있다. (text)

9 트럭이 도착할 때쯤이면 나는 내 모든 물건들을 포장해 놓았을 것이다. (by the time, pack, stuff)

10 오늘 밤 10시가 되면 나는 이 비행기에 13시간 동안 머물고 있는 셈이 된다.

Actual Test

정답 p.03

What's your score? O 개 X 개

다음 괄호 안의 주어진 단어를 이용하여 문장을 완성하세요.

1 그는 2시간 동안 러닝머신에서 뛰고 있다. (treadmill)

____

2 그 매미는 온종일 허물을 벗으려고 애쓰고 있다. (cicada, try, molt)

____

3 그는 일요일까지 내 차를 수리해 놓을 것이다. (repair)

____

4 그녀가 전화했을 때 너는 공부하고 있었니?

____

5 그는 그 시험이 시작된 이후로 도서관에서 공부하고 있다. (since)

____

6 그 회사는 최근에 금전적 손실을 보고 있다. (lose money, recently)

____

7 그들은 30년 넘게 같은 가게에서 꽃을 팔고 있다. (shop, over)

____

8 아침에 그녀가 떠난 이후 그는 온종일 울고 있다. (weep, all day)

____

9 내일이면 내가 일주일 동안 매일 컴퓨터 게임을 한 셈이 된다. (play, every day)

____

10 그녀가 집에 왔을 때 나는 2시간 동안 자고 있었다. (come home)

____

New Words

resemble 닮다 | donate 기부하다 | thousand 1000, 천 | reserve 예약하다 | later today 오늘 늦게 | think of A as B A를 B라고 생각하다 | get home 귀가하다 | text 문자를 보내다 | pack 싸다, 포장하다 | stuff 물건 | treadmill 러닝머신 | cicada 매미 | molt 허물을 벗다 | repair 수리하다 | recently 최근에 | weep 울다

Paragraph Writing

작성일자 : ______월 ______일

필요한 부분에 완료형을 적절히 사용하여 다음 글을 영작하세요.

영화 <포레스트 검프>를 보고···

1 스티븐 스필버그(Steven Spielberg)가 연출하고, 톰 행크스(Tom Hanks)가 주연을 맡은 영화 <포레스트 검프> (*Forrest Gump*)는 아름다운 이야기이다. 나는 오랫동안 톰 행크스의 영화들을 좋아했다. 그의 영화들은 훌륭하다. 포레스트 검프는 그의 최고의 작품 중 하나라고 여겨진다.

2 아이큐가 75밖에 되지 않았지만 포레스트(Forrest)는 강인한 어머니의 노력 덕에 학교에 갈 수 있었다. 하지만 아이들은 그를 놀리고 무시했다. 그러던 중, 그는 이름이 제니(Jenny)인 한 소녀를 만났고 그녀와 사랑에 빠졌다. 그가 어른이 될 때까지 제니에 대한 그의 사랑은 지속되었다.

3 달리기를 매우 잘했던 Forrest는 학교팀에서 미식축구 선수로 선발되었다. 군대에 있을 때에는 탁구를 쳤다. 그는 훌륭한 탁구 선수가 될 때까지 연습을 많이 했다. 베트남 전쟁에서는 입대 전 새우잡이를 했던 버바(Bubba)를 만났다. 또한 댄 중위(Lieutenant Dan)도 만났다. 전쟁 후에, 그는 전쟁 중에 했던 약속들을 지키기 위해 노력했다.

4 마침내 포레스트는 그 약속들을 모두 지켰고 제니와 결혼했다. 그러나 그녀는 병으로 죽었기에 그의 행복은 잠시였다. 그녀가 죽은 후, 그는 제니가 낳았던 그의 아들과 함께 살았다.

5 이 영화를 보고 난 후에 내게 떠올랐던 단어들은 사랑과 약속이었다. 나는 곧 톰 행크스의 영화들을 모두 볼 것이다. 나는 그의 영화를 두 편만 더 보면 된다. 그의 영화는 늘 나를 기분 좋게 한다.

Help!

1 (영화를) 연출하다 direct | ~에서 주연을 맡다 star in | ~을 좋아하다 be fond of | ~로 여겨지다 be regarded as |

2 ~덕분에 thanks to | 놀리다, 괴롭히다 tease | ~와 사랑에 빠지다 fall in love with | 지속되다 last

3 ~을 잘하다 be good at | 선발하다, 선택하다 select | 탁구를 치다 play table tennis | 새우잡이 shrimp catcher | 군에 입대하다 join the army | 노력하다 make an effort | 약속을 지키다 keep the promise

4 ~로 죽다 die from | (아이를) 낳다, 출산하다 give birth to

5 생각이 나다[떠오르다] come to one's mind

After Watching the Movie *Forrest Gump*

1

2

3

4

5

Correcting Errors

정답 p.04

What's your score? O 개 X 개

다음 우리말과 같은 뜻이 되도록 어색한 부분을 바르게 고쳐 문장을 다시 쓰시오.

1 They lived in Incheon since 2020.

→

그들은 2020년 이후로 인천에 살았다.

2 Have she already finished her task?

→

그녀는 벌써 그녀의 일을 끝냈니?

3 I will have live in Toronto for ten years by next year.

→

내년이면 내가 토론토에 산지 10년이 되는 셈이다.

4 Mom had been washed the dishes when I saw her.

→

내가 엄마를 봤을 때 엄마는 설거지를 하고 계셨다.

5 He was been playing the computer game since this morning.

→

그는 오늘 아침부터 컴퓨터 게임을 하고 있다.

6 I studied English since I was a child.

→

나는 어릴 때부터 영어를 공부해왔다.

7 Jack has been knowing Jenny for ten years.

→

Jack은 10년 동안 Jenny를 알고 있다.

8 She doesn't have visited her hometown since 2022.

→

그녀는 2022년 이후로 그녀의 고향을 방문한 적이 없다.

Chapter 2 to부정사와 동명사

UNIT 03

to부정사

A to부정사의 시제

1 단순부정사 「to + 동사원형」: 주절과 시제가 같거나 앞으로 다가올 시제일 때

He seems **to be** interested in taking pictures. 그는 사진을 찍는 것에 흥미가 있는 것 같다.

= **It** seems **that** he **is** interested in taking pictures.

2 완료부정사 「to + have p.p.」: 주절보다 먼저 일어난 시제일 때

She seems **to have been** a nurse before. 그녀는 전에 간호사였던 것 같다.

= **It** seems **that** she **was** a nurse before.

B to부정사 사용 구문

too high to climb

넘 높아...

1 too + 형용사 [부사] + to부정사: '너무 ~해서 …할 수 없는'

= so + 형용사 [부사] + that + 주어 + can't [couldn't]

These boxes are **too** heavy for him **to** carry. 이 상자들은 너무 무거워서 그가 옮길 수 없다.

= These boxes are **so** heavy **that** he **can't** carry them.

2 형용사 [부사] + enough + to부정사: '~할 정도로 충분히 …한'

= so + 형용사 [부사] + that + 주어 + can [could]

This boat is big **enough to** transport goods. 이 배는 상품을 운송하기에 충분히 크다.

= This boat is **so** big **that** it **can** transport goods.

C 독립부정사: to부정사를 독립적으로 사용하여 문장 전체를 수식한다.

to be sure	확실히	strange to say	이상한 말이지만
to begin with	우선	to be frank [honest]	솔직히 말하자면
to tell the truth	사실을 말하자면	to make matters worse	설상가상으로

Simple Test

다음 빈칸에 들어갈 알맞은 단어를 적으세요.

1 그녀는 아파 보인다. → She ______ ______ be sick.

2 그녀는 너무 어려서 학교에 갈 수 없다.
→ She is ______ young ______ go to school.

3 그는 그 어려운 문제를 풀 정도로 충분히 똑똑했다.
→ He was smart ______ ______ solve the difficult question.

Practice Test

정답 p.04

What's your score? O 개 X 개

다음 괄호 안의 주어진 단어를 이용하여 문장을 완성하세요.

1 솔직히 말하면, 나는 어제 아무것도 먹지 못했다. (anything)

____

2 그 수프는 너무 뜨거워서 빨리 먹을 수가 없었다. (too)

____

3 그녀는 어젯밤에 빗속에서 울었던 것 같다. (seem to)

____

4 이 물은 마시기에 충분히 깨끗하다. (enough)

____

5 그는 어제 길을 잃었다. 설상가상으로, 그는 자신의 휴대전화를 잃어버렸다. (lose)

____

6 그는 너무 게을러서 아침마다 운동을 할 수 없다. (too, exercise)

____

7 이 사과들은 먹기에 충분히 익었다. (enough, ripe)

____

8 이상한 말이지만, 나는 아침에 고기를 먹는다. (strange, meat)

____

9 주방이 연기로 가득 차 있는 것 같다. (seem to, be filled with)

____

10 그는 3년 전에 브라질(Brazil)에 살았던 것 같다. (seem to)

____

Actual Test

정답 p.04

What's your score? O 개 X 개

다음 괄호 안의 주어진 단어를 이용하여 문장을 완성하세요.

1 그 도로는 너무 어두워서 그들이 그 표지판들을 볼 수 없었다. (road, too, see the signs)

____

2 그 도로는 너무 어두워서 그들이 그 표지판들을 볼 수 없었다. (so, that)

____

3 그녀는 그 케이크를 먹기에 충분히 배가 불렀다. (full, enough, eat)

____

4 그녀는 너무 배가 불러서 그 케이크를 먹을 수 없었다. (so, that)

____

5 우선, 이 열쇠로 그 문을 열어라. (begin)

____

6 분명히, 내일 비가 많이 올 것이다. (sure)

____

7 나는 내 노트북을 잃어버린 것 같다. (seem to, laptop computer)

____

8 나는 내 노트북을 잃어버린 것 같다. (it, seem, laptop computer)

____

9 그는 그 어린이들에게 많은 선물을 주었던 것 같았다. (appear to, a lot of)

____

10 그는 그 어린이들에게 많은 선물을 주었던 것 같았다. (it, appear, a lot of)

____

New Words

be interested in ~에 흥미가 있다 | difficult 어려운 | goods 상품 | solve the question 문제를 풀다 | ripe (과일, 곡물이) 익은 | be filled with ~로 가득 차 있다 | smoke 연기 | sign 표지판 | full 배가 부른 | appear ~인 것 같다 | laptop (computer) 노트북 컴퓨터

UNIT 04

동명사

A 동명사의 시제

1 단순동명사 「동사원형 + -ing」: 주절의 시제와 같거나 그 이후의 일어난 일에 사용한다.

He is proud of **being** a lawyer. 그는 변호사인 것을 자랑스러워 한다.

= He is proud that he **is** a lawyer.

2 완료동명사 「having + p.p.」: 주절의 시제보다 한 시제 앞선 경우에 사용한다.

He is proud of **having accomplished** his goals. 그는 목표를 달성했던 것을 자랑스러워 한다.

= He is proud that he **accomplished** his goals.

동명사의 부정형 : 동명사 앞에 not [never]을 쓴다.

ex They regret not having prepared enough food. 그들은 충분한 음식을 준비하지 못했던 것을 후회한다.

Would you mind my using your bike?

B 동명사의 의미상의 주어 「소유격 / 목적격 + -ing」: 행위의 주체를 나타낸다.

Would you **mind my [me] using** your car? 내가 당신의 차를 사용하는 것을 꺼리나요?

C 동명사만을 목적어로 취하는 동사

enjoy (즐기다) finish (끝마치다) mind (꺼리다) avoid (피하다) give up (포기하다)
admit (인정하다) dislike (싫어하다) deny (부인하다) keep (유지하다) suggest (제안하다)
consider (고려하다) practice (실천하다) delay, postpone, put off (연기하다)

D 동명사의 관용적 표현

on -ing = as soon as + 주어 + 동사	~하자마자	cannot help -ing	~하지 않을 수 없다
feel like -ing	~하고 싶다	look forward to -ing	~하는 것을 고대하다
be worth -ing	~할 가치가 있다	far from -ing	결코 ~이 아닌
be used to -ing	~하는 데 익숙하다	be busy -ing	~하느라 바쁘다
spend + (시간/돈) + -ing	~하는 데 (시간/돈을) 쓰다	there is no -ing = it is impossible to + 동사원형	~하는 것은 불가능하다
it is no use -ing = it is useless to + 동사원형	~해도 소용없다	be [get] sick [tired] of -ing	~하는 데 싫증이 나다

Simple Test

다음 빈칸에 들어갈 알맞은 단어를 적으세요.

1 Kevin은 나를 보자마자 나를 보고 웃었다.

→ ________ ________ me, Kevin smiled at me.

2 그는 자신의 실수 때문에 그녀가 그에게 전화하는 것을 두려워한다.

→ He is afraid of ________ ________ him because of his mistake.

Practice Test

정답 p.04

What's your score? O 개 X 개

다음 괄호 안의 주어진 단어를 이용하여 문장을 완성하세요.

1 그들은 그 큰 행사를 개최하는 것을 갑자기 연기했다. (put off, hold)

____

2 원숭이들은 나무에 올라가는 데 익숙하다. (climb, be used to)

____

3 그들은 그녀가 캐나다에 갔던 것을 부인했다. (deny, her)

____

4 우리는 그 당시에는 웃지 않을 수 없었다. (cannot, help, at that time)

____

5 그는 결코 우리를 배신할 사람이 아니다. (far from, betray)

____

6 그 회사는 Jack이 일본어에 능통해서 그를 채용할 것을 고려했다. (company, consider, be fluent in, because)

____

7 Jane은 사람들에게 인사하는 것을 싫어한다. (dislike, say hello to)

____

8 그녀가 방에 들어오자마자 파리 한 마리가 날아갔다. (on -ing, fly away)

____

9 그 아이들은 공원에서 계속해서 놀았다. (go on, play)

____

10 Sean은 온종일 텔레비전을 계속 봤다. (keep, watch, all day long)

____

정답 p.05

What's your score? O 개 X 개

다음 괄호 안의 주어진 단어를 이용하여 문장을 완성하세요.

1 그는 같은 음식을 매일 먹는 것에 싫증이 났다. (eat, the same meal, every day)

____

2 그녀는 자신의 아들이 그 시험에 합격한 것을 자랑스러워한다. (be proud of)

____

3 그녀는 최신형 컴퓨터를 사는 데에 많은 돈을 썼다. (brand-new)

____

4 Smith 씨는 너무 완고해서 그의 마음을 바꿀 수 없다. (so ~ that, stubborn, there is no -ing, change one's mind)

____

5 그녀는 비 오는 날에 외출하는 것을 피한다. (avoid, go out, on)

____

6 Joe는 어제 화를 냈던 것을 부끄러워한다. (be ashamed of, lose one's temper)

____

7 나는 나의 팀이 그 경기에서 승리할 것을 확신한다. (be sure of)

____

8 나는 이 도시에서 운전하는 것에 익숙하다. (be used to)

____

9 그들은 거리에서 전단지를 나눠주느라고 바빴다. (distribute, flyers)

____

10 엎질러진 우유 앞에서 울어봤자 소용 없다. (no use, over, spilt milk)

____

New Words

be proud of ~을 자랑스러워하다 | admit 인정하다 | prepare 준비하다 | be afraid of ~을 두려워하다 | put off 연기하다(= postpone) | hold 개최하다 | deny 부인하다 | at that time 그 당시에 | betray 배신하다 | consider 고려하다 | be fluent in ~에 능통하다 | brand-new 최신형의 | stubborn 완고한 | avoid ~을 피하다 | be ashamed of ~을 부끄러워하다 | lose one's temper 화를 내다 | be sure of ~을 확신하다 | distribute 나누어 주다, 배부하다 | flyer 전단지 | spilt spill(엎지르다)의 과거, 과거분사

Paragraph Writing

작성일자 : ______월 ______일

필요한 곳에 to부정사와 동명사를 적절히 사용하여 다음 글을 영작하세요.

민호(Minho)의 축구 사랑

1 많은 사람들은 축구를 좋아한다. 민호 역시 축구 경기를 보는 것을 즐긴다. 축구 경기를 볼 때마다 그는 행복을 느낀다.

2 민호는 텔레비전으로 EPL (English Premier League)을 보는 데 많은 시간을 보낸다. 어젯밤 새벽 2시에 그는 경기를 보느라 바빴다. 그때가 영국에서 EPL 경기를 하는 시간이기 때문에 그는 한국에서 밤 늦게 경기를 본다.

3 작년에 민호가 응원하지 않는 팀이 우승을 했다. 민호는 그 팀의 팬은 아니다. 그는 그들을 응원하지 않는다는 것을 인정한다. 하지만 그 팀은 우승할 만했다. 그는 그 선수들의 기술들에 감탄하지 않을 수 없다.

4 민호는 그가 가장 좋아하는 팀을 오랫동안 응원해 오고 있다. 그는 그 팀의 열성 팬 중 하나인 것을 자랑스러워한다. 그는 그들의 경기를 보는 것을 절대 미루지 않는다. 민호는 그 팀에 새로운 희망과 성공을 가져올 수 있는 뛰어난 선수를 간절히 바라고 있다. 그 팀의 많은 선수들은 우승을 하지 못해서 여러 번 실망했었다.

5 민호는 다음 시즌에서 그가 가장 좋아하는 팀이 우승하기를 바란다. 아울러 그는 대한민국 선수들이 경기를 매우 잘하기를 바란다. 다음 시즌이 시작되면 민호는 다시 밤을 꼬박 새울 것이다. 그는 다음 시즌 그 팀의 경기를 모두 보기를 고대한다.

Help!

1 텔레비전으로 on television [TV] | ~할 때마다 whenever
2 ~하는 데 시간을 보내다 spend (시간) -ing | ~하느라 바쁘다 be busy -ing
3 ~할 만하다 deserve to | 우승하다 win the championship | 감탄하다 appreciate
4 ~을 자랑스러워하다 be proud of | 연기하다 postpone | 가져오다 bring | ~에 실망하다 be disappointed with
5 밤을 꼬박 새우다 be [stay] up all night | ~을 간절히 바라다, 고대하다 look forward to -ing

Minho's Love for Soccer

1

2

3

4

5

Correcting Errors

정답 p.05

What's your score? O 개 X 개

다음 우리말과 같은 뜻이 되도록 어색한 부분을 바르게 고쳐 문장을 다시 쓰시오.

1 She seems to being interested in drawing cartoons.

→

그녀는 만화 그리는 것에 흥미가 있는 것 같다.

2 The house is enough cheap to buy right now.

→

그 집은 지금 바로 살 정도로 충분히 싸다.

3 They are looking forward to go to the amusement park.

→

그들은 놀이공원에 갈 것을 고대하고 있다.

4 My father was busy to work in his office.

→

아버지는 그의 사무실에서 일하시느라 바쁘셨다.

5 He is so young to go abroad by himself.

→

그는 혼자서 외국으로 가기에는 너무 어리다.

6 She feels like to take a break to recharge her energy.

→

그녀는 에너지를 충전하기 위해 휴식을 취하고 싶다.

7 To telling the truth, she doesn't like him.

→

사실을 말하자면, 그녀는 그를 좋아하지 않는다.

8 She couldn't help to search the address of the restaurant through the internet.

→

그녀는 인터넷을 통해 그 식당의 주소를 찾지 않을 수 없었다.

Chapter 3 분사

UNIT 05 현재분사와 과거분사

A 현재분사와 과거분사

1 현재분사 「동사원형 + -ing」 : '~하는, ~하고 있는'

Look at the **sleeping** baby. 잠자는 아기를 봐.

2 과거분사 p.p. : '~해진, ~한, ~된'

Don't touch the **broken** window. 깨진 창문을 건드리지 마.

분사가 구를 이룰 때는 명사 뒤에서 명사를 수식한다.

ex The boy **dancing on the stage** is my younger brother.
무대 위에서 춤을 추는 소년이 내 남동생이다.

the boy dancing on the stage

B 현재분사와 동명사 비교

1 현재분사 : 형용사 역할. '~한, ~하는'으로 해석함. ex a **sleeping** lion 잠자는 사자

2 동명사 : 주어, 목적어, 보어로 명사 역할. '~하는 것, ~하기 위한 (용도)'로 해석함.
ex a **sleeping** bag 침낭 (잠자기 위한 용도)

C 감정을 나타내는 분사

현재분사 (-ing)	~하는 (주어가 직접 ~하는, 주어가 ~한)
과거분사 (p.p.)	~해진 (주어가 당하는)

The movie was very **boring**, so we were **bored**. 그 영화는 매우 지루해서 우리는 지루해졌다.

Simple Test

다음 빈칸에 들어갈 알맞은 단어를 적으세요.

1 우리는 그를 '걸어다니는 사전'이라고 부른다.
→ We call him a "__________ dictionary".

2 그는 탁자 아래에서 숨겨진 카드 한 장을 발견했다.
→ He found a __________ card under the table.

3 언덕 위에 서 있는 그 작은 교회는 매우 오래되었다.
→ The small church __________ __________ the hill is very old.

4 주사위를 던진 결과는 놀라웠다. (amaze)
→ The fall of the dice was __________.

5 Joel의 직업은 중고차를 파는 것이다.
→ Joel's job is to __________ __________ cars.

Practice Test

정답 p.06

What's your score? O 개 X 개

다음 괄호 안의 주어진 단어를 이용하여 문장을 완성하세요.

1 그들은 그 파괴된 도시를 보고 슬펐다. (destroy, to see)

______

2 빵을 조금 사고 있는 저 남자가 나의 아빠이다. (that man, bread)

______

3 대부분의 사람들은 어제 매우 신이 났다. (most, excite)

______

4 나는 그러한 헷갈리는 단어들을 외우지 못한다. (memorize, such, confuse)

______

5 그가 나에게 가벼운 조깅화 한 켤레를 사 주었다. (light, pair, run)

______

6 피곤한 경기를 한 후에 우리는 휴식을 취했다. (tiring, take a rest)

______

7 녹색으로 칠해진 그 벽은 나를 편안하게 한다. (paint, wall, feel, comfortable)

______

8 Cindy는 딸의 선물에 감동받았다. (daughter, move)

______

9 그녀의 독후감은 실망스럽다. (disappoint, book report)

______

10 구르는 돌에는 이끼가 끼지 않는다. (roll, gather, no moss)

______

정답 p.06

What's your score? O 개 X 개

다음 괄호 안의 주어진 단어와 조건을 이용하여 문장을 완성하세요.

1 Becky를 놀리는 그 소년이 Michael이다. (tease)

____

2 그는 언제나 놀라운 소식을 내게 전해준다. (bring, surprise, all the time)

____

3 저 깨진 거울은 Jessica가 가장 좋아하는 것이었다. (that, break, favorite)

____

4 이것은 너에게 주어진 마지막 기회야. (chance, give)

____

5 그녀는 옆집 소음 때문에 짜증이 났다. (annoy, noise from next door)

____

6 그것은 내 인생에서 가장 당황스러운 순간이었다. (it, embarrass, moment)

____

7 우리 모두는 숨겨진 비밀들을 가지고 있다. (hide, secrets)

____

8 어제 내가 찍은 그녀의 사진은 아주 잘 나왔다. (사진을 주어로) (take, flattering)

____

9 그 노래하는 새들은 내 뒷마당에서 사라졌다. (지금도 사라짐) (disappear, backyard)

____

10 우리는 이 얼어버린 강을 건너가야 한다. (freeze, cross, have to)

____

New Words

dictionary 사전 | the fall of the dice 주사위를 던져 나온 결과 | used car 중고차 | destroy 파괴하다 | memorize 암기하다 | confuse 혼동하다 | running shoes 운동[조깅]화 | take a rest 쉬다 | comfortable 편안한 | roll 구르다 | gather 모으다, 모이다 | moss 이끼 | tease 괴롭히다 | annoy 짜증나게 하다 | embarrass 당황하게 하다 | flattering 돋보이게 하는 | disappear 사라지다 | cross 건너다 | frozen freeze (얼다)의 과거분사

UNIT 06

분사구문

A 분사구문이란?

「접속사 + 주어 + 동사」의 부사절을 분사 -ing로 전환해서 부사구로 바꾸는 구문을 말한다.

B 분사구문의 시제

1 단순 분사구문 : 주어가 같을 경우 접속사 삭제 → 주어 삭제 → 「동사 + -ing」

Because she had no money, she just went home early. (부사절)

→ **Having** no money, she just went home early. (분사구문)

그녀는 돈이 없어서 그냥 일찍 집으로 왔다. 주절과 부사절의 시제가 동일한 경우

2 완료 분사구문 : 주어가 같을 경우 접속사 삭제 → 주어 삭제 → 「Having + p.p.」

As I had lost my wallet, I couldn't buy anything. (부사절)

→ **Having lost** my wallet, I couldn't buy anything. (분사구문)

지갑을 잃어버려서 나는 아무 것도 살 수 없었다. 부사절의 시제가 주절보다 한 시제 앞설 경우

C 분사구문의 용법

시간(~할 때), 이유(~때문에), 조건(만약 ~하면), 양보(비록 ~일지라도), 동시 동작(~하면서), 연속 동작(~하고 나서 …하다), 결과(그래서, 그 결과)를 나타내는 「접속사 + 주어 + 동사」 대신에 「동사 + -ing」를 쓴다.

Cooking dinner,
she looks happy.

D 독립분사구문

1 독립분사구문 : 주절과 종속절의 주어가 다를 경우 접속사 삭제 → 「동사 + -ing」

When he called her, we were having dinner.

→ **He calling** her, we were having dinner. 그가 그녀에게 전화를 했을 때, 우리는 저녁을 먹고 있었다.

2 관용적 독립분사구문

considering (~을 고려하면) / judging from (~로 판단하건대) / frankly [honestly] speaking (솔직히 말해서)
strictly speaking (엄격히 말해서) / roughly speaking (대강 말하면)

Simple Test

다음 빈칸에 들어갈 알맞은 단어를 적으세요.

1 시간이 거의 없었기 때문에 나는 택시를 잡아야 했다.

→ __________ little time, I __________ to catch a taxi.

2 노래를 부를 때 나는 행복을 느낀다. → __________ songs, I __________ happy.

3 피곤했기 때문에 Joyce는 일찍 잠자리에 들었다.

→ __________ __________, Joyce went to bed early.

Practice Test

정답 p.06

What's your score? O 개 X 개

분사구문을 사용해서 다음 우리말을 영작하세요.

1 서울(Seoul)을 떠나고 나서 우리는 부산(Busan)에 갔다. (leave)

2 그녀의 국적을 몰랐기 때문에 나는 그 신청서를 작성할 수 없었다. (nationality, fill in, the application)

3 Linda는 거실에서 TV를 보면서 그녀의 숙제를 했다. (living room)

4 우산을 가지고 오지 않았기 때문에 Sophie는 비를 맞았다. (bring, be caught in the rain)

5 서두르지 않아서 우리는 첫 기차를 놓쳤다. (hurry up, first train)

6 그녀의 억양으로 판단하건대, 그녀는 호주(Australia) 출신임이 틀림없다. (accent, must be)

7 인간을 본 적이 없었기 때문에 그 도도새(dodo birds)들은 우리를 두려워하지 않았다. (humans, be afraid of)

8 정장을 입지 않아서 그들은 그 연회에 입장할 수 없었다. (wear, formal clothes, enter, banquet)

9 그가 오래 전에 나에게 편지를 보냈기에 그는 내 답장을 받고 기뻤다. (please, get, reply)

10 포크가 없어서 Peter는 젓가락을 사용해야 했다. (there, no fork, chopsticks, have to)

정답 p.06

What's your score? O 개 X 개

분사구문을 사용해서 다음 우리말을 영작하세요.

1 나이를 고려하면, 그는 동안이다. (have a baby face)

2 Cathy가 실수를 하자 많은 사람들이 그녀를 안쓰럽게 여겼다. (make a mistake, feel sorry)

3 방학이 끝났기 때문에 나는 학교로 돌아갔다. (the vacation, be over)

4 너무 빨리 달려서 나는 내 지갑을 떨어뜨렸다. (drop, wallet)

5 무엇을 해야 할지 몰라서 그녀는 집에 머물렀다. (what to do, stay)

6 솔직히 말해서, 아무도 그 기계를 사용하는 방법을 몰랐다. (nobody, know, how to)

7 그 문을 열었을 때 나는 낯선 남자를 보았다. (strange man)

8 오른쪽으로 돌면 대사관을 발견할 것이다. (turn to the right, the embassy)

9 숲에서부터 나오면서 그는 길을 잃었다. (come, out of the forest)

10 길가를 따라 걸으면서 그녀는 예쁜 꽃들을 보고 있었다. (along, look at, pretty)

New Words

catch a taxi 택시를 잡다 | nationality 국적 | fill in ~을 작성하다 | application 지원(서), 신청(서) | be caught in the rain 비를 맞다 | accent 억양 | Australia 호주, 오스트레일리아 | be afraid of ~을 두려워하다 | formal cloth 정장 | banquet 연회, 잔치 | reply 답장 | baby face 동안 | make a mistake 실수를 하다 | drop 떨어뜨리다 | strange 낯선, 이상한 | embassy 대사관 | forest 숲

Paragraph Writing

작성일자 : ______월 ______일 

필요한 곳에 현재분사와 과거분사, 분사구문을 적절히 사용하여 다음 글을 영작하세요.

겸손한 리더십

1 나의 삼촌은 한국에서 가장 인기 있는 의사이다. 그가 한국 의사들의 공식 대표는 아니지만, 그는 그들을 대표하는 것 같다.

2 그는 공중파 TV에서 최고의 의료 프로그램을 진행하고 있으며, 그를 돕는 협력자 동료들이 많이 있다. 그는 최고의 의사이지만, 정말로 겸손하다. 이것은 그의 가장 좋은 자질들 중 하나이다. 그를 존경하기 때문에 나도 겸손해지려고 노력한다.

3 그는 왕처럼 주변 사람들에게 명령하지 않는다. 그는 사람들에게 봉사한다. 엄밀히 말하면, 그는 의료인이다. 하지만 그는 충분한 의료 서비스를 가지고 있지 않는 지역 사회들을 돕기 위해 프로그램을 마련함으로써 그의 리더십 기술을 보여주었다. 그는 모든 사람이 그들이 필요한 의학적인 도움을 받기를 원한다.

4 다른 사람들을 돕는데 초점을 유지하면서, 그는 명성을 추구하지 않고 환자와 지역 사회들을 돌보고 있다. 그의 행동들은 그가 단순히 숙련된 의사일 뿐만 아니라 진정한 리더임을 보여준다.

Help!

1 방송 프로그램 진행자 show host | 공식적 대표 official representative | 대표하다 represent

2 공중파 TV로 on public TV | 협력자 동료 cooperating friend | 겸손한 humble | 자질 quality

3 봉사하다, 섬기다 serve | 엄격히 말하면 strictly speaking | 의료인 healthcare provider | 지역 사회, 공동체 community | 마련하다 arrange

4 유지하다 stay | 추구하다 seek | 명성 fame | ~을 돌보다 care for | 숙련된 skilled | 진정한 true

Humble Leadership

1

2

3

4

Correcting Errors

정답 p.07

What's your score? O 개 X 개

다음 우리말과 같은 뜻이 되도록 어색한 부분을 바르게 고쳐 문장을 다시 쓰시오.

1 The mechanic can repair breaking cars very quickly.

→

그 정비공은 고장난 차들을 매우 빠르게 고칠 수 있다.

2 Frankly spoken, I didn't do my homework.

→

솔직히 말해서, 나는 숙제를 하지 않았다.

3 To be tired, she just went home early.

→

피곤했기 때문에 그녀는 그냥 일찍 집으로 갔다.

4 The sitting on that chair woman looks sad.

→

저 의자 위에 앉아있는 그 여자는 슬퍼 보인다.

5 The play was so touched, so I was moving.

→

그 연극은 매우 감동적이어서 나는 감동받았다.

6 The unexpected gift was surprised.

→

그 예상치 못한 선물은 놀라웠다.

7 Look at that cat slept peacefully on the roof.

→

지붕 위에서 평화롭게 자고 있는 저 고양이를 봐.

8 Having drinking too much coffee in the evening, he couldn't sleep at all at night.

→

저녁에 너무 많은 커피를 마셨기 때문에 그는 밤에 전혀 잠을 잘 수 없었다.

Chapter 4 수동태

수동태의 형태

A 수동태의 형태

1 기본 형태 :「be동사 + p.p. + by + 목적어」

The singer **was surrounded by** the audience. 그 가수는 관객에 둘러싸였다.

2 조동사의 수동태 :「조동사 + be + p.p.」

This house **will be sold** by them next week. 이 집은 다음 주에 그들에 의해 팔릴 것이다.

B 수동태의 시제

1 진행형의 수동태 :「be동사 + being + p.p.」

The moon **was being hidden** by the cloud. 달은 구름에 의해 가려지고 있었다.

2 완료형의 수동태

현재완료 수동태 「have [has] been + p.p.」	He **has been promoted.** 그는 승진했다.
과거완료 수동태 「had been + p.p.」	The hat **had been worn** by Emily for a long time before she lost it. Emily는 그 모자를 잃어버리기 전에 오랫동안 그것을 썼다.

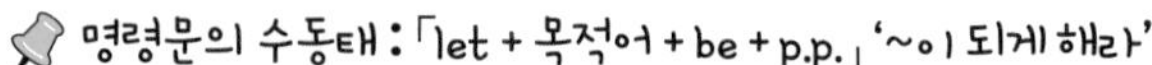

ex Wake him up at dawn. 그를 새벽에 깨워라.

→ Let him be woken up at dawn.

그가 새벽에 깨어나게 해라.

다음 빈칸에 들어갈 알맞은 단어를 적으세요.

1 이 책은 한 무명 작가에 의해 쓰여졌다.
→ This book ____________ ____________ by an unknown author.

2 이 세탁기는 더 이상 사용되지 않을 것이다.
→ This washing machine will not ____________ ____________ any more.

3 지금 결승전이 진행되고 있다.
→ The final ____________ ____________ played now.

4 내 수업에서 계산기를 사용하는 것은 허락된 적이 없다.
→ Using calculators ____________ never ____________ allowed in my class.

5 그 다리는 적들에 의해 파괴되고 있었다.
→ The bridge ____________ ____________ destroyed by the enemy.

Practice Test

정답 p.07

What's your score? O 개 X 개

수동태를 사용해서 다음 우리말을 영작하세요.

1 월드컵(The World Cup)은 4년마다 개최된다. (hold, every)

2 작년부터 많은 상추가 그의 농장에서 재배되어 왔다. (lettuce, grow, farm, since)

3 100개가 넘는 곡들이 그 작곡가에 의해 작곡되었다. (over, compose, songwriter)

4 탈출하기 위한 5분의 시간이 그들에게 주어졌다. (give, to escape)

5 그 무거운 침대는 4명의 남자들에 의해 옮겨지고 있었다. (heavy, by, move)

6 너의 새 컴퓨터는 금요일까지면 배달될 것이다. (deliver, by Friday)

7 그 사슴들은 그 굶주린 사자에게 사냥을 당했니? (deer, hunt, starve)

8 그녀의 편지는 10년 동안 내 서랍 안에 보관되어 왔다. (keep, drawer)

9 수천 개의 인형이 일꾼들에 의해 이 공장에서 만들어진다. (thousands of, factory, workers)

10 Luna는 언제 그 열쇠를 발견했니? (열쇠를 주어로) (find, by)

정답 p.08

What's your score? O 개 X 개

수동태를 사용해서 다음 우리말을 영작하세요.

1 그 양들이 잘 먹여지도록 해라. (sheep, let, feed)

2 그것이 어떤 실수도 없이 행해지도록 해라. (let, do, any)

3 그들의 계획은 한 번에 성취될 것인가? (will, accomplish, at once)

4 여기에서 스페인어가 사용될 수 있나요? (may, Spanish)

5 이 회사의 유모차들은 중국에서 제조되고 있다. (strollers)

6 전기차들은 비싼 가격에 팔리고 있다. (electric cars, at high prices)

7 그 어둠 속에서 희망이 보였다. (in the dark)

8 그 음악은 어느 누구에 의해서도 연주된 적이 없었다. (never, by anybody)

9 이 비올라는 전에 많은 음악가들에 의해 연주된 적이 있었다. (viola, many, musician)

10 이 소설은 지난겨울부터 많은 한국인들에게 사랑을 받았다. (since)

New Words

surround 둘러싸다 | promote 승진시키다 | washing machine 세탁기 | calculator 계산기 | allow ~을 허락하다 | bridge 다리 | destroy ~을 파괴하다 | hold 개최하다 | lettuce 상추 | compose 작곡하다 | escape 탈출하다 | deliver 배달하다 | starve 굶주리다 | keep in drawers 서랍에 보관하다 | thousands of 수천의 | factory 공장 | feed 먹이다 | without ~없이 | accomplish ~을 성취하다 | at once 한 번에 | stroller 유모차 | electric 전기의, 전기를 이용하는

UNIT 08

여러 가지 수동태

A 4형식 문장의 수동태

1 간접목적어('~에게'), 직접목적어('~을')를 주어로 하는 수동태가 가능하다.

She gave **me a book.** 그녀는 나에게 책을 주었다.

→ **I** was given a book by her. (간접목적어를 주어로 한 경우)

→ **A book** was given to me by her. (직접목적어를 주어로 한 경우)

2 4형식 동사 buy, make, sell, write 등은 직접목적어를 주어로 하는 수동태만 가능하다.

My dad bought **me a watch.** 아빠는 나에게 시계를 사주셨다.

→ **A watch** was bought for me by my dad. (직접목적어를 주어로 한 수동태)

A watch was bought for me!
시계가 생겼어!

B 5형식 문장의 수동태

1 목적어를 주어로 하고 목적격 보어는 그대로 둔다.

We elected **Lincoln the chairman.** 우리는 링컨을 의장으로 선출했다.

→ **Lincoln** was elected **the chairman** by us.

2 목적어를 주어로 하고 목적격 보어가 동사원형일 경우에는 to부정사로 바꾼다.

She made **me stay** here. 그녀가 나에게 여기 머무르라고 했다.

→ I was made **to stay** here by her.

C that이 이끄는 문장의 수동태

that절이 목적어인 경우, 아래 세 가지로 바꿔 쓸 수 있다.

They say **that** Daegu is famous for apples. 사람들은 대구가 사과로 유명하다고 말한다.

→ **That** Daegu is famous for apples is said (by them).

→ **It is said that** Daegu is famous for apples.

→ Daegu **is said to be** famous for apples.

Simple Test 다음 빈칸에 들어갈 알맞은 단어를 적으세요.

1 그는 나에게 작은 가방을 사 주었다. (가방을 주어로)
→ A small bag ________ ________ for me by him.

2 나는 너의 미소로 행복하게 되었다.
→ I ________ made happy ________ your smile.

3 나에게는 또 다른 기회를 갖는 것이 허락되지 않았다.
→ I ________ not allowed ________ have another chance.

Practice Test

정답 p.08

What's your score? O 개 X 개

다음 괄호 안의 주어진 단어와 조건을 이용하여 문장을 완성하세요.

1 나는 아빠에 의해 매일 운동하게 되었다. (나를 주어로) (make, to)

2 David는 수영하는 것을 좋아하지 않는다고 그들은 말한다. (that절을 주어로) (swim, say)

3 그는 그 노래가 매우 아름답다고 생각했다. (노래를 주어로) (think, to)

4 그는 자신의 아들에게 많은 돈을 주었다. (돈을 주어로) (money, give, a lot of)

5 그들은 저 진주들이 비싸다고 말한다. (it을 주어로) (say, those pearls)

6 Luke는 Olivia에게 꽃 한 송이를 주었다. (Olivia를 주어로)

7 그들은 우리에게 좋은 정보를 제공했다. (정보를 주어로) (information, provide)

8 나는 그 아기가 부엌으로 기어가는 것을 봤다. (아기를 주어로) (see, crawl)

9 나는 Jack에게 태블릿 PC를 사 주었다. (태블릿 PC를 주어로)

10 나는 그가 기타를 연주하는 것을 들었다. (그를 주어로) (hear, guitar)

Actual Test

정답 p.08

What's your score? O 개 X 개

다음 괄호 안의 주어진 단어와 조건을 이용하여 문장을 완성하세요.

1 사람들은 그를 Red라고 부른다. (그를 주어로) (call)

____

2 그 선생님은 그녀가 그를 따라가게 했다. (그녀를 주어로) (make, follow)

____

3 Tom은 Jerry에 의해 아침 일찍 일어나게 되었다. (make, get up, early)

____

4 Brian은 Emily가 학교로 걸어가는 것을 보았다. (Emily를 주어로) (walk to school)

____

5 Sarah는 아이들이 그 건물에 들어가는 것을 보았다. (Sarah를 주어로) (the kids, enter)

____

6 대한민국은 아름다운 나라라고 일컬어진다. (it을 주어로) (say, country)

____

7 대한민국은 아름다운 나라로 일컬어진다. (Korea를 주어로)

____

8 그녀는 John에 의해 제시간에 오도록 충고를 받았다. (advise, on time)

____

9 우리는 그녀가 피아노를 연주하는 것을 보았다. (그녀를 주어로)

____

10 Ben은 Ken이 그 계약서에 서명하도록 했다. (Ken을 주어로) (make, sign the contract)

____

New Words

elect ~를 선출하다 | chairman 의장 | allow ~을 허락하다 | pearl 진주 | expensive 비싼 | provide 제공하다 | information 정보 | crawl 기어가다 | call ~을 …라고 부르다 | follow ~을 따라가다 | get up 일어나다 | early in the morning 아침 일찍 | enter 들어가다 | country 나라, 국가 | advise ~을 충고하다 | on time 제시간에 | sign 서명[계약]하다 | contract 계약(서)

Paragraph Writing

작성일자 : ______월 ______일

필요한 곳에 수동태를 적절히 사용하여 다음 글을 영작하세요.

스마트폰, 지하철 그리고 할머니들

1 어르신들이 존경을 받고 보살핌을 받아야 하는 것은 당연하다. 모든 사람들은 대한민국이 '동방예의지국'으로 불리는 것을 안다. 그러므로 어르신들이 젊은이들에게 인사를 받는 것은 필요하다.

2 요즈음에는 스마트폰이 많은 사람들에 의해 사용된다. 하지만 이 편리한 장치는 몇 가지 문제들을 만들어 왔다. 지하철에서 스마트폰이 많은 사람들에 의해 사용된다. 그것들은 여행의 처음부터 끝까지 사용되기에, 사람들은 그들의 스마트폰만을 바라본다.

3 어느 날 할머니 한 분이 지하철을 탔다. 빈자리는 보이지 않았고, 어느 누구도 자리를 양보하지 않았다. 모든 사람들이 졸고 있거나 스마트폰에 집중하고 있었기 때문이었다.

4 이것은 그들이 무례해서가 아니라 스마트폰에 푹 빠져서 단 한 번도 위를 올려다보지 않았기 때문이다. 아무도 자기를 알아차리지 않았기에 할머니는 어느 누구에게도 일어나기를 기대할 수 없었다.

5 이러한 상황은 잘못되었다. 어르신들은 먼저 보살핌을 받아야 한다. 우리는 지하철에서 스마트폰에 사로잡혀서는 안 된다. 기계보다 사람이 더 중요하다. 게다가, 그들은 어르신들이고 우리는 그들을 존중해야 한다.

Help!

1 당연한 natural | 어르신, 노인 the old | 존경하다 respect | ~을 돌보다 take care of | 예의 바른 courteous | 동방예의지국 the country of courteous people in the east

2 요즈음 these days | 편리한 convenient | 장치 device | 지하철에서 on the subway

3 빈자리 empty seat | 제공하다 offer | 졸다 doze | ~에 집중하다 concentrate on

4 무례한 rude | A 때문이 아니라 B 때문이다 not because A but because B | ~에 푹 빠지다 be attracted by | 알아차리다 notice

5 상황 situation | 사로잡다 capture | 게다가 besides

Smartphones, Subways and Grandmothers

1

2

3

4

5

Correcting Errors

정답 p.09

What's your score? O 개 X 개

다음 우리말과 같은 뜻이 되도록 어색한 부분을 바르게 고쳐 문장을 다시 쓰시오.

1 Several people were picking as new staffs by the director.

→

멪몇의 사람들이 그 감독에 의해 새로운 직원으로 뽑혔다.

2 Good restaurants should known to many people.

→

좋은 식당들은 많은 사람들에게 알려져야 한다.

3 The house was been burned out before the firefighters arrived.

→

소방관들이 도착하기 전에 그 집은 다 타 버렸다.

4 Let them informed about the meeting at once.

→

그들에게 회의에 관해 즉시 알려 주어라.

5 A lot of money donated to the local charity.

→

많은 돈이 지역 자선 단체에 기부되었다.

6 He was made study hard by the strict teacher.

→

그는 그 엄격한 선생님에 의해 열심히 공부하게 되었다.

7 It said that Leo is very good at shooting with his left foot.

→

Leo는 그의 왼발로 슛을 하는 것을 매우 잘한다고 말해진다.

8 Jogging in the morning said to be good for health.

→

아침에 조깅하는 것은 건강에 좋다고들 한다.

Chapter 5 접속사

UNIT 09

명사절과 부사절, 종속접속사

A 명사절

문장에서 주어, 목적어, 보어로 쓰인다.

1 that + 주어 + 동사 : '~하는 것'

That she is a spy is true. 그녀가 스파이라는 것은 사실이다.

= It is true **that she is a spy.**

2 whether [if] + 주어 + 동사 (or not) : '~인지 아닌지'

Whether he knows (or not) is not known. 그가 아는지 모르는지는 알려지지 않았다.

3 의문사 + 주어 + 동사 (간접의문문)

How she opened the door is important. 그녀가 어떻게 문을 열었는지는 중요하다.

do you think [believe, guess, suppose]일 때는 의문사가 문장 앞으로 온다.

ex What do you think he will order? (O) / Do you think what he will order? (X)

너는 그가 무엇을 주문할 것이라고 생각하니?

B 부사절을 이끄는 종속접속사

시간	when, before, after, while, until, since
이유	because, since, as
조건	if, unless
양보	though, although, even though (비록 ~일지라도), even if (만약 ~하더라도)

Whether she knows or not …
아는지 모르는지…

다음 빈칸에 들어갈 알맞은 단어를 적으세요.

1 나의 갈망은 그녀가 그를 잘 알게 되는 것이다.

→ My desire ______ ______ she gets to know him well.

2 그는 그녀가 자신을 좋아하는지 아닌지 궁금하다.

→ He wonders ______ she ______ him or not.

3 어머니가 떡을 써는 동안 석봉은 글씨를 쓰고 있었다.

→ ______ his mother was ______ the rice cake, Seokbong ______ ______ letters.

4 너는 왜 그녀가 결백하다고 믿니?

→ ______ do you ______ she is innocent?

Practice Test

정답 p.09

What's your score? O 개 X 개

다음 괄호 안의 주어진 단어를 이용하여 문장을 완성하세요.

1 나는 그가 낙천주의자라는 것을 안다. (optimist, that)

2 그녀는 그가 자신의 제안을 수락할지 안 할지 모른다. (proposal, accept, whether)

3 그는 그 따뜻한 차를 마신 후에 그 컵을 내려 놓을 것이다. (warm, after, put down)

4 만약 그가 콘서트를 연기한다면 그의 팬들은 실망할 것이다. (postpone, disappoint)

5 비록 비가 왔지만 그들은 축구를 했다. (though)

6 그 사고가 일어난 후에 정부는 그 법을 바꿨다. (accident, occur, government)

7 그가 이 기계를 발명했다는 것은 놀라운 일이다. (it, incredible, invent)

8 누가 너를 차에 태워갈 것이라고 생각하니? (think, who, pick ~ up)

9 어제 그가 어디에서 머물렀는지는 중요하지 않다. (stay)

10 누가 그 보물을 찾았는지가 이 책의 핵심이다. (find, treasure, key point)

Actual Test

정답 p.09

What's your score? O 개 X 개

다음 괄호 안의 주어진 단어를 이용하여 문장을 완성하세요.

1 아무도 정답을 몰랐기 때문에 그 선생님은 속상했다. (since, nobody, upset)

2 그 가수의 리메이크 버전들은 신선했기 때문에 많은 사람들이 그것들을 좋아했다. (remake versions, as, fresh, many)

3 그의 사랑은 순수하기 때문에 쉽게 변하지 않을 것이다. (because, pure, easily)

4 그가 명령하는 것이 오늘 우리의 임무이다. (what, command, duty)

5 그는 악기를 가지고 있지 않았음에도 불구하고 저 아름다운 노래를 작곡했다. (although, no instruments, compose)

6 그 범죄자가 David의 남동생이라는 것은 충격적이다. (that, criminal, shocking)

7 그들이 너희들의 치즈를 옮겼는지 아닌지는 아무도 모른다. (nobody, if, move)

8 그의 별명이 무엇이라고 생각하니? (nickname)

9 네가 이 사진들을 가져가지 않으면 나는 그것들을 버릴 것이다. (unless, take, photos, throw ~ away)

10 그가 매일 라면을 먹는다는 것은 사실이다. (it, true, that, instant noodles)

New Words

desire 갈망; 갈망하다 | wonder 궁금하다 | rice cake 떡 | innocent 결백한 | optimist 낙천주의자 | proposal 제안 | accept 받아들이다 | postpone 연기하다 | accident 사고 | occur 발생하다 | government 정부 | incredible 놀라운, 믿어지지 않는 | pick ~ up ~를 (차에) 태우러 가다 | treasure 보물 | command 명령하다 | duty 임무 | criminal 범죄자 | throw away 버리다

UNIT 10 상관접속사, 명령문 + 등위접속사

A 상관접속사

not A but B	A가 아니라 B	B에 수 일치
both A and B	A와 B 둘 다	복수 취급
either A or B	A와 B 둘 중 하나	B에 수 일치
neither A nor B	A와 B 둘 다 아닌	B에 수 일치
not only A but (also) B = B as well as A	A뿐만 아니라 B도	B에 수 일치

Not he **but** I **have to** handle this matter. 그가 아니라 내가 이 문제를 처리해야 한다.

Both Youngeun **and** Yejin **go** to middle school. 영은이와 예진이 둘 다 중학교에 다닌다.

Either you **or** she **has to** wash the dishes. 너와 그녀 둘 중 하나가 설거지를 해야 한다.

Neither he **nor** you have enough time today. 그와 너 둘 다 오늘 충분한 시간이 없다.

Not only James **but also** I study hard. James뿐만 아니라 나도 열심히 공부한다.

= I **as well as** James study hard.

Not only my father but also I am tall.

B 명령문 + 등위접속사

1 명령문, and : ~해라, 그러면 …할 것이다.

Study hard, **and** you will succeed. 열심히 공부해라, 그러면 성공할 것이다.

= **If** you study hard, you will succeed.

2 명령문, or : ~해라, 그렇지 않으면 …할 것이다.

Get up early, **or** you will be late. 일찍 일어나라, 그렇지 않으면 늦을 것이다.

= **Unless** you get up early, you will be late. = **If** you **don't** get up early, you will be late.

다음 빈칸에 들어갈 알맞은 단어를 적으세요.

1 나를 위해 울지 말고 너 자신을 위해 울어라.

→ Weep ________ for me ________ for yourself.

2 David는 영어뿐만 아니라 음악도 잘한다.

→ David is good at ________ ________ English ________ ________ music.

3 룸메이트와 너 둘 중 하나는 방을 청소해야 한다.

→ ________ your roommate ________ you ________ to clean the room.

Practice Test

정답 p.10

What's your score? O 개 X 개

다음 괄호 안의 주어진 단어를 이용하여 문장을 완성하세요.

1 Smith와 너 둘 다 내 좋은 친구들이다.

2 그녀뿐만 아니라 나도 진로 상담이 필요하다. (career counseling)

3 네가 아니라 Ken이 그 공을 잡아야 한다. (have to, catch)

4 하이에나들은 사자도 표범도 두려워하지 않는다. (hyenas, leopards, be afraid of)

5 그 사장과 직원들 양쪽 모두 파업에 대해 책임이 있다.
(employer, employees, be responsible for, the strike)

6 나의 삼촌은 시인일 뿐만 아니라 화가이다. (poet, painter)

7 주의 깊게 들어라, 그러면 핵심을 이해할 것이다. (get the point, and)

8 주의 깊게 들으면 핵심을 이해할 것이다. (if)

9 카메라를 가지고 있는지 확실히 점검해라, 그렇지 않으면 너는 사진을 찍지 못할 것이다.
(make sure to check, if)

10 카메라를 가지고 있는지 확실히 점검하지 않으면 너는 사진을 찍지 못할 것이다. (unless)

정답 p.10

What's your score? O 개 X 개

다음 괄호 안의 주어진 단어를 이용하여 문장을 완성하세요.

1 Amelia는 그녀 자신의 개뿐만 아니라 유기견들까지 기른다. (own dog, abandoned dogs, keep)

____

2 Amelia는 그녀 자신의 개뿐만 아니라 유기견들까지 기른다. (as well as)

____

3 그는 적이 아니라 우리 군사 중 한 명이었다. (enemy, our soldiers)

____

4 믿음과 사랑 둘 다 우리 인생에 매우 중요하다. (faith, in our lives)

____

5 너와 그 둘 중 하나는 그녀에게 사실을 말해야 한다. (tell ~ the truth, have to)

____

6 민호(Minho)와 민수(Minsu)는 둘 다 영국에서 살아 본 적이 없다. (neither, live)

____

7 이 음식은 맛있는 것도 아니고 싼 것도 아니다.

____

8 그의 오른발 슛뿐만 아니라 왼발 슛도 정확했다. (right-footed, left-footed, shots, accurate)

____

9 많은 책들을 읽어라, 그러면 너의 마음은 풍요로워질 것이다. (a lot of, mind, fertile)

____

10 서로 사랑해라, 그렇지 않으면 다툴 것이다. (one another, quarrel)

____

New Words

weep 울다 | be good at ~을 잘한다 | roommate 룸메이트, 합숙자 | career counseling 진로상담 | hyena 하이에나 | leopard 표범 | employer 사장, 고용주 | employee 직원, 고용인 | be responsible for ~에 책임이 있다 | strike 파업 | get the point 핵심을 이해하다 | make sure to ~을 확실하게 하다 | abandoned 버려진 | faith 믿음 | right-footed shot 오른발 슛 | accurate 정확한 | fertile 풍부한 | one another 서로 | quarrel 다투다

Paragraph Writing

작성일자 : ______월 ______일

필요한 곳에 접속사를 적절히 사용하여 다음 글을 영작하세요.

도서관이라는 별명을 가진 나의 친구

1 모든 사람들이 좋은 별명을 갖고 싶어하는 것은 명백하다. 여기 나의 친구인 성민에 관한 이야기가 있다. 그는 어렸을 때 책 읽는 것을 좋아해서 도서관이라는 별명을 얻었다. 그는 게임하는 것보다 책 읽는 것을 더 좋아했다. 우리는 그를 "도서관"이라고 불렀는데 왜냐하면 우리는 그곳에서 항상 그를 찾을 수 있었기 때문이다.

2 그는 이제 많은 책을 쓴 작가가 되었다. 그는 책을 많이 읽을 뿐만 아니라 그것들을 구입한다. 그의 집에는 정말 많은 책들이 있다. 한 권의 책을 읽고 난 후에 그는 새로운 책을 쓰기 시작한다. 그는 모든 것을 아는 것 같다. 그는 독서를 더 흥미진진하게 하기 위해서 다양한 종류의 책과 작가들을 시도해보는 것을 추천한다.

3 성민은 또한 EWB (Enjoy with Books)라는 독서 동아리를 이끈다. 그곳에서 많은 사람들이 다양한 책을 읽고, 그들의 의견을 나누며, 심지어 새로운 이야기들을 만들어 내기도 한다. 그는 바쁘더라도 단 한 번도 독서 모임에 빠진 적이 없다.

4 내 친구 성민은 대한민국뿐만 아니라 다른 많은 나라에서도 유명한 작가가 되었다. 다양한 책을 읽고 사람들과 관계를 형성하는 것을 통해 그는 새로운 에너지를 얻고 스스로를 계속해서 발전시킨다. 나는 그런 내 친구가 자랑스럽다.

Help!

- **1** 명백한 obvious | 별명 nickname | 얻다 earn | ~을 더 좋아하다, 선호하다 prefer
- **2** 작가 writer | 끝마치다 finish | ~인 것 같다 seem | 모든 것 everything
- **3** 이끌다 lead | ~라고 부르다 call | 다양한 various | 공유하다 share | 의견 opinion | 빠뜨리다, 놓치다 miss
- **4** 유명한 famous | 국가, 나라 country | 얻다, 얻게 되다 gain | 계속해서 continuously | 발전시키다, 발달시키다 develop | ~을 자랑스러워하다 be proud of

My Friend with the Nickname "Library"

1

2

3

4

Correcting Errors

정답 p.11

What's your score? O 개 X 개

다음 우리말과 같은 뜻이 되도록 어색한 부분을 바르게 고쳐 문장을 다시 쓰시오.

1 He is very kind to all the people is well known.

→

그가 모든 사람들에게 친절하다는 것은 잘 알려져 있다.

2 Nobody knows that he comes today or not.

→

그가 오늘 올지 안 올지는 아무도 모른다.

3 Do you think what the most expensive car in the world is?

→

세계에서 가장 비싼 차는 무엇이라고 생각하니?

4 As the weather was terrible, they could finish the wedding ceremony outside.

→

비록 날씨가 안 좋았지만, 그들은 야외에서 결혼식을 잘 끝마칠 수 있었다.

5 Both his mom and he was satisfied with their friendly service.

→

그의 엄마와 그 둘 다 그들의 친절한 서비스에 만족했다.

6 Not the color but the price were suitable for him.

→

색깔이 아니라 가격이 그에게 적합했다.

7 You as well as she is a good student for the teacher.

→

그녀뿐 아니라 너도 그 선생님에게 좋은 학생이다.

8 Practice hard every day, or you will be a good singer.

→

매일 열심히 연습해라, 그러면 너는 좋은 가수가 될 것이다.

Chapter 6
관계사

UNIT 11

관계부사

A 관계부사의 종류

관계부사는 접속사와 부사의 역할을 하며, 선행사가 있다.

	선행사	관계부사
장소	place, house, town 등	where
시간	time, day, week 등	when
이유	the reason	why
방법	the way	how

This is the place **where** I met her for the first time. 이곳은 내가 그녀를 처음 만났던 곳이다.

The time **when** she left here is not exact. 그녀가 여기를 떠났던 시간은 정확하지 않다.

This is the reason **why** I like movies. 이것이 내가 영화를 좋아하는 이유다.

He let me know **how** he got an A+. 그는 그가 어떻게 A+를 받았는지 내게 알려 주었다.

선행사와 관계부사를 둘 다 쓰거나 하나만 써도 된다. 단, the way와 how는 둘 중 하나만 써야 한다.

ex He let me know the way he got an A+. (O) / He let me know the way how he got an A+. (x)

B 관계부사와 관계대명사의 구분

Christmas is the day
when Jesus was born.

1 관계부사 뒤에는 완전한 문장이 온다. (부사의 역할)

I remember the city **where I was born.**

내가 태어난 도시를 기억한다.

2 관계대명사 뒤에는 불완전한 문장이 온다. (대명사의 역할)

She knows the man **who is really kind.**

그녀는 정말 친절한 그 남자를 안다.

3 관계부사의 계속적 용법 : 쉼표(,) + 관계부사 = 접속사 + 부사 (where와 when만 해당)

다음 빈칸에 들어갈 알맞은 단어를 적으세요.

1 이것이 내가 Terry를 좋아하는 이유다.

→ This is the ____________ ____________ I like Terry.

2 그가 올 시간을 말해줘.

→ Tell me the ____________ ____________ he will come.

3 여기가 그 밴드가 공연했던 장소야.

→ This is the ____________ ____________ the band performed.

4 그는 그녀에게 그가 어떻게 기계를 고쳤는지 보여줬다.

→ He showed her ____________ ____________ he fixed the machine.

Practice Test

정답 p.11

What's your score? O 개 X 개

다음 괄호 안의 주어진 단어를 이용하여 문장을 완성하세요.

1 이곳이 그가 그 유명한 그림을 그렸던 마을이다. (town, paint, painting)

2 너는 그가 도망을 갔던 이유를 아니? (the reason, run away)

3 그 어미 새는 아기 새들에게 날 수 있는 방법을 가르쳐 주었다. (the mother bird, how)

4 나는 그가 데뷔한 연도를 알고 있다. (the year, when, debut)

5 현충일(Memorial Day)은 거의 모든 상점들이 문을 닫는 날이다. (day, when, almost every)

6 그녀가 화가 난 이유는 명확하지 않다. (the reason, clear)

7 누가 서른 세 명의 독립 투사들이 일본에 대항한 그날을 잊을 수 있는가?
(independence fighters, fight against, when)

8 이곳은 나의 아버지가 일하시는 건물이다. (where)

9 이곳은 그가 지난주에 길을 잃었던 동네다. (neighborhood, where, get lost)

10 그녀는 형제자매들이 어떻게 서로를 대하는지 잘 안다. (the way, treat, siblings)

정답 p.11

What's your score? O 개 X 개

다음 괄호 안의 주어진 단어를 이용하여 문장을 완성하세요.

1 우리는 그 박물관으로 갔고, 그곳에서 Walter를 보았다. (where, see)

____

2 그녀는 지난 토요일에 나에게 비밀을 말했는데, 그날 우리는 영화를 보고 있었다. (when, watch)

____

3 나는 그 놀이공원에 갔는데, 그곳에서 Rachel을 만났다. (where)

____

4 내일은 일요일이고, 그날 그는 그 박물관에 갈 것이다. (tomorrow, when)

____

5 늦은 밤은 그녀가 책을 읽을 수 있는 가장 좋은 시간이다. (late at night, the best time, when)

____

6 네가 어떻게 그렇게 단어를 잘 암기하는지 나에게 알려줘. (let, how, memorize, so well)

____

7 이곳은 많은 군인들이 전쟁에서 자신들을 희생했던 장소이다.
(the place, where, sacrifice themselves, in the war)

____

8 그녀가 오디션을 봤던 지난주는 환상적이었다. (when, have an audition, fantastic)

____

9 그 상사는 나에게 그가 나를 해고한 이유를 말하지 않았다. (boss, tell, fire)

____

10 나는 병원에 갔고, 그곳에서 그 간호사는 나에게 주사를 놓았다. (where, give a shot)

____

New Words

exact 정확한 | perform 공연하다 | fix 고치다 | famous 유명한 | run away 도망가다 | debut 데뷔하다 | Memorial Day 현충일 | clear 명확한 | independence fighter 독립투사 | fight against ~에 대항하다 | neighborhood 이웃, 동네 | get lost 길을 잃다 | sibling 형제자매 | memorize 암기하다 | sacrifice oneself 자신을 희생하다 | fire 해고하다 | give a shot 주사를 놓다

UNIT 12

복합관계대명사, 복합관계부사

A 복합관계대명사 : 「관계대명사 + -ever」

	명사절	양보의 부사절
whoever	anyone who '누구든지'	no matter who '누가 ~할지라도'
whatever	anything that '~하는 것은 무엇이든'	no matter what '무엇을 ~할지라도'
whichever	anything that '~하는 것은 어느 것이든'	no matter which '어느 것을 ~할지라도'

Whoever takes the test hopes to get an A+. 시험을 치는 사람은 누구든지 A+를 받고 싶어 한다.

Tell me **whatever** you want. 네가 원하는 것은 무엇이든지 나에게 말해라.

Whichever you may choose, you have to do it. 네가 어떤 것을 선택하든지 너는 그것을 해야 한다.

B 복합관계부사 : 「관계부사 + -ever」

	시간, 장소의 부사절	양보의 부사절
whenever	at any time when '~할 때마다'	no matter when '언제 ~할지라도'
wherever	at any place where '~하는 곳은 어디든지'	no matter where '어디서 ~할지라도'
however		no matter how '아무리 ~할지라도'

Whenever I feel bored, I watch movies.
나는 지루할 때마다 영화를 본다.

Wherever you go, I will follow you.
네가 어디를 가든지 나는 너를 따라갈 것이다.

However rich he is, he can't change the past. However + 형용사 + 주어 + 동사
그가 아무리 부자일지라도 그는 과거를 바꿀 수 없다.

Juliet,
wherever you go,
I'll follow you.

Simple
Test

다음 빈칸에 들어갈 알맞은 단어를 적으세요.

1 네가 무엇을 하든지 나는 너를 믿는다.
→ ____________ you do, I trust you.

2 네가 그리울 때마다 나는 눈을 감는다.
→ ____________ I miss you, I close my eyes.

3 여기 오는 사람은 누구나 환영 받을 것이다.
→ ____________ ____________ here will be welcomed.

4 네가 원하는 어떤 것이든지 선택해도 좋다.
→ You may choose ____________ you want.

Practice Test

정답 p.12

What's your score? O 개 X 개

다음 괄호 안의 주어진 단어를 이용하여 문장을 완성하세요.

1 아무리 초라해도 집과 같은 곳은 없다. (humble, there is no, like home)

2 네가 나의 도움을 필요로 할 때마다 나에게 전화해라. (need, call)

3 어디를 가더라도 Andy는 성공할 수 있을 것이다. (will, be able to, succeed)

4 이 문제가 아무리 어렵더라도 포기하지 마라. (hard, give up)

5 나는 이 선물을 누구든지 그것을 원하는 사람에게 줄 것이다. (present, give, it)

6 적군들이 어디서 나타날지라도 우리는 그들을 물리칠 것이다. (enemy soldiers, appear, defeat)

7 나를 믿는 사람은 누구든지 경기에서 승리할 것이다. (believe, win)

8 규칙을 어기는 사람은 누구든지 쫓겨날 것이다. (break, rules, be kicked out)

9 그 성이 아무리 높다 해도 우리는 그곳을 올라갈 수 있다. (castle, climb, it)

10 우리는 차를 운전할 수 있는 사람이면 누구든지 필요하다. (need, can)

정답 p.12

What's your score? O 개 X 개

다음 괄호 안의 주어진 단어를 이용하여 문장을 완성하세요.

1 그 소식을 들은 누구든지 충격을 받을 것이다. (whoever, hear, shock)

2 네가 먹는 것은 무엇이든 맛있을 것이다. (whatever)

3 이 질문에 대답하는 사람은 누구든지 집에 가도 좋다. (whoever, answer, may)

4 그가 아무리 조금 가지고 있을지라도 그는 기꺼이 그것을 나누려고 한다. (little, be willing to, share)

5 내가 그를 방문할 때마다 그는 나에게 심부름을 시켰다. (whenever, send ~ on an errand)

6 나의 엄마가 요리하는 것은 무엇이든 맛있다. (cook, whatever)

7 우리는 당신이 주문하는 것이 무엇이든 배달한다. (deliver, order, whatever)

8 그녀가 흰색 셔츠를 입었을 때마다 그 구내식당은 점심으로 짜장면(Jajangmyeon)을 내놓았다. (cafeteria, serve, whenever)

9 다른 사람을 부러워하면 누구든 실패한 사람이다. (whoever, envy, others, failure)

10 네가 아무리 피곤할지라도 이 보고서를 내일까지 끝내야 한다. (may be, report, by, have to)

New Words

welcome 환영하다 | humble 초라한, 겸손한 | like ~와 같은 | succeed 성공하다 | give up 포기하다 | appear 나타나다 | defeat 물리치다 | break 깨다, 어기다 | rule 규칙 | kick out 쫓아내다 | castle 성 | be willing to 기꺼이 ~하다 | send somebody on an errand ~에게 심부름을 보내다 | deliver 배달하다 | cafeteria 구내 식당 | envy 부러워하다 | failure 실패자

Paragraph Writing

작성일자 : ________월 ________일

필요한 곳에 관계사를 적절히 사용하여 다음 글을 영작하세요.

같은 단어, 다른 뜻

1 다양한 뜻을 가진 영어 단어들이 많이 있다. 심지어 몇몇 단어는 서로 반대되는 두 가지 의미를 가지고 있는 것 같다.

2 우리는 사전을 볼 때마다 어떤 의미를 선택해야 하는지 모른다. 열 개 혹은 그 이상의 뜻을 가진 많은 단어들이 있다. 이것이 내가 가끔 잠시 동안 혼동을 하게 되는 이유다.

3 예를 들면 'make, take, to, for' 같은 단어들은 많은 의미를 가지고 있다. 'leave'라는 단어는 서로 반대되는 것 같은 두 가지 뜻을 가지고 있다. 'leave'는 '출발하다'라는 뜻을 의미할 수 있고, 또한 '남다, 남기다'라는 뜻을 의미할 수 있다.

4 "Did he leave Seoul?"은 "그가 서울을 출발했니?"라는 뜻이고, "Did he leave something?"은 "그가 지금 아직도 거기에 뭔가를 남겨 놓았니?"라는 뜻이다. 그 의미가 어떤 것이든 사람들은 대부분 너무 혼란스러워 하지는 않는다. 아무리 어렵더라도 우리는 대체로 그 의미를 알아낸다.

5 예를 들어, 우리는 'Fine for parking'이 '주차하기 좋은 곳' 혹은 '이곳에 주차하면 벌금'을 의미하는지 주차 위반 딱지를 떼어 보면 알게 될 것이다.

Help!

1 ~들이 있다 there are | 다양한 의미를 가지고 있다 have various meanings | 반대(어) the opposite

2 ~할 때마다 whenever | 사전을 찾다 look in a dictionary | 이것이 ~하는 이유이다 this is the reason why | 혼동되다 get confused | 잠시 동안 for a minute

3 출발하다, 떠나다 depart | 남다, 계속 ~이다 remain

4 의미와 상관없이, 의미가 무엇이든 whichever the meaning is | 대부분 most of the time | 아무리 ~해도 however | 알아내다 figure out

5 주차하다 park | 벌금 penalty | 주차 위반 딱지를 받다 get a parking ticket

Same Word, Different Meaning

1

2

3

4

5

Correcting Errors

정답 p.13

What's your score? O 개 X 개

다음 우리말과 같은 뜻이 되도록 어색한 부분을 바르게 고쳐 문장을 다시 쓰시오.

1 I can't forget the place which I had the first interview.

→

나는 내가 처음 면접을 봤던 그 장소를 잊을 수 없다.

2 Let me know the way how I get to the station by car.

→

차로 그 역에 도착할 방법을 나에게 알려줘.

3 Do you remember the day which we played soccer in the heavy rain?

→

너는 우리가 폭우 속에서 축구를 했던 그 날을 기억하니?

4 We went to a big zoo, that we saw many special animals.

→

우리는 큰 동물원으로 갔고, 거기서 많은 특별한 동물들을 봤다.

5 Can you tell me the reason when you were absent from school yesterday?

→

네가 어제 학교에 결석한 이유를 내게 말해 줄 수 있니?

6 However you are tired, you had better take a shower.

→

네가 아무리 피곤할지라도 너는 샤워를 하는게 낫겠다.

7 Whatever the inventor makes are creative all the time.

→

그 발명가가 만드는 것은 무엇이든 항상 창의적이다.

8 No matters where you stay, it can be your shelter.

→

네가 어디에 머물든지 그것이 너의 안식처가 될 수 있다.

Chapter 7 가정법

UNIT 13

가정법 과거, 가정법 과거완료

A 가정법 과거

1 현재 사실에 반대되는 상황을 가정한다.

2 형태 : 「If + 주어 + 동사의 과거형 ~, 주어 + 조동사의 과거형 + 동사원형 …」

동사의 과거형 : be동사는 인칭에 상관없이 were를 쓰는 것이 기본이다.

ex 조동사의 과거형 : could, would, should, might

3 해석 : '만약 ~라면 …할[일] 텐데.'

If I **were** a bird, I **could** fly to the sky. 만약 내가 새라면 하늘로 날아갈 텐데.

→ As I **am not** a bird, I **can't** fly to the sky. 나는 새가 아니기 때문에 하늘로 날아갈 수 없다.

B 가정법 과거완료

1 과거 사실에 반대되는 상황을 가정한다.

2 형태 : 「If + 주어 + had + p.p. ~, 주어 + 조동사의 과거형 + have + p.p. …」

3 해석 : '만약 ~였다면 …했을[였을] 텐데.'

If she **had studied** harder, she **could have passed** the exam.
그녀가 더 열심히 공부했었다면 시험에 합격했을 텐데.

→ As she **didn't study** harder, she **couldn't** pass the exam.
그녀는 더 열심히 공부하지 않았기 때문에 시험에 합격할 수 없었다.

Simple Test

다음 빈칸에 들어갈 알맞은 단어를 적으세요.

1 만약 내가 너라면 그녀에게 말할 텐데.
→ ________ I ________ you, I ________ tell her.

2 만약 내가 충분한 시간이 있다면 그곳에 갈 수 있을 텐데.
→ ________ I ________ enough time, I ________ go there.

3 만약 내가 카메라를 가지고 있었다면 많은 사진들을 찍었을 텐데.
→ ________ I ________ ________ a camera, I ________ ________ taken many pictures.

4 만약 그들이 그 게임을 이겼다면 그들은 실망하지 않았을 텐데.
→ ________ they ________ won the game, they ________ ________ been disappointed.

Practice Test

정답 p.14

What's your score? O 개 X 개

다음 괄호 안의 주어진 단어를 이용하여 문장을 완성하세요.

1 만약 내가 슈퍼맨이라면 지금 당장 그곳으로 날아갈 텐데. (Superman, there, right now)

2 만약 네가 그녀에게 더 친절하게 말한다면 그녀는 더 많은 자신감을 가질 텐데.
(talk, more kindly, have more confidence)

3 만약 Richard가 그 대회에서 우승했다면 그는 행복했을 텐데. (win, the contest)

4 만약 Paul이 기타를 잘 쳤다면 Julie는 그와 사랑에 빠졌을 텐데. (well, fall in love with)

5 만약 내가 사전이 있다면 그 단어들을 찾아볼 텐데. (dictionary, look up the words)

6 만약 우리가 지하철을 탔다면 늦지 않았을 텐데. (take the subway, late)

7 만약 그 축구 선수가 여기에 있다면 우리에게 그의 환상적인 프리킥을 보여줄 수 있을 텐데.
(soccer player, show, fantastic, free kicks)

8 만약 그 가수가 살아 있다면 우리는 그의 아름다운 노래를 더 많이 들을 수 있을 텐데. (alive, more of)

9 이 집이 내 것이라면 나는 이 어두운 벽을 밝은 색깔로 칠할 텐데. (paint, wall, bright color)

10 만약 그녀가 더 좋은 노래들을 불렀다면 더 인기 있는 가수가 되었을 텐데. (sing, popular)

Actual Test

정답 p.14

What's your score? O 개 X 개

다음 괄호 안의 주어진 단어를 이용하여 문장을 완성하세요.

1 그녀가 많은 책을 읽었다면 더 많은 단어들을 배울 수 있었을 텐데. (many, words)

____

2 그 소년이 그 공을 던지지 않았더라면 그 창문은 깨지지 않았을 텐데. (throw, ball, break)

____

3 내가 보이지 않는다면 어디든지 갈 수 있을 텐데. (invisible, anywhere)

____

4 내가 키가 크다면 그녀 앞에서 덩크슛을 할 수 있을 텐데. (dunk the ball, in front of)

____

5 우리 누나가 나의 수학 선생님이라면 나는 그녀에게 어려운 문제들을 물어볼 텐데. (math, ask, question)

____

6 내가 훌륭한 요리사라면 그녀에게 맛있는 저녁을 요리해 줄 텐데. (chef, will)

____

7 그 명단에 그의 이름이 있었다면 우리는 행복했을 텐데. (on the list)

____

8 지금 눈이 온다면 나는 눈사람을 만들고 그것을 올라프(Olaf)라고 부를 텐데. (snowman, call)

____

9 만약 내가 나비라면 아름다운 날개들이 있을 텐데. (butterfly, have, wings)

____

10 하루에 25시간이 있다면 한 시간을 더 오래 잘 수 있을 텐데. (in a day, longer)

____

New Words

disappointed 실망한 | confidence 자신감 | fall in love with ~와 사랑에 빠지다 | look up (사전 등을) 찾아보다 | alive 살아 있는 | bright 밝은 | thrown throw (던지다)의 과거분사 | invisible 보이지 않는 | anywhere 어디에서도 | dunk 덩크 슛하다 | in front of ~앞에 | difficult 어려운 | chef 요리사[주방장] | be on the list 명단에 있다 | call ~을 …라고 부르다 | butterfly 나비

UNIT 14

여러 가지 가정법

A I wish 가정법

1 I wish 가정법 과거 :「I wish (that) + 주어 + 동사의 과거형 ~.」‘~라면 좋을 텐데.’

I wish I **were** an animator. 내가 만화 제작자라면 좋을 텐데.

→ I am sorry that I **am not** an animator. 내가 만화 제작자가 아니라서 유감이다.

2 I wish 가정법 과거완료 :「I wish (that) + 주어 + had + p.p. ~.」‘~했다면 좋을 텐데.’

I wish we **had visited** Brazil last year. 우리가 작년에 브라질을 방문했다면 좋을 텐데.

→ I am sorry that we **didn't visit** Brazil last year. 우리가 작년에 브라질을 방문하지 못했던 것이 유감이다.

B as if 가정법

1 as if 가정법 과거 :「as if + 주어 + 동사의 과거형」‘마치 ~인 것처럼’

He always talks **as if** he personally **knew** her. 그는 늘 그녀를 개인적으로 아는 것처럼 말한다.

→ In fact, he **doesn't** personally know her. 사실, 그는 그녀를 개인적으로 모른다.

2 as if 가정법 과거완료 :「as if + 주어 + had + p.p.」‘마치 ~였던 것처럼’

He talks **as if** he **had worked** for the CIA. 그는 마치 CIA에서 일했었던 것처럼 말한다.

→ In fact, he **didn't** work for the CIA. 사실, 그는 CIA에서 일하지 않았다.

as if는 as though로 바꿀 수 있다.

as if she were rich

돈 있어 보이게...

C Without / But for 가정법

1「Without / But for + 명사, 가정법 과거」: ‘~이 없다면 …할 텐데.’

=「If it were not for ~, 주어 + 조동사의 과거형 + 동사원형 ….」

Without [But for] the war, we **could live** in peace. 전쟁이 없다면 우리는 평화롭게 살 수 있을 텐데.

= **If it were not for** the war, we **could live** in peace.

2「Without / But for + 명사, 가정법 과거완료」: ‘~이 없었다면 …했을 텐데.’

=「If it had not been for ~, 주어 + 조동사의 과거형 + have + p.p ….」

If it had not been for his water, he **couldn't have survived.** 물이 없었다면, 그는 살아날 수 없었을 텐데.

= **Without [But for]** his water, he **couldn't have survived**.

if it were not for / if it had not been for는 without 또는 but for로 바꿀 수 있다.

다음 빈칸에 들어갈 알맞은 단어를 적으세요.

1 내가 그 엔터테인먼트 회사의 CEO라면 좋을 텐데.
→ I ____________ I ____________ the CEO of the entertainment company.

2 Tony는 마치 그가 나를 좋아하는 것처럼 말한다.
→ Tony talks ____________ ____________ he ____________ me.

Practice Test

정답 p.14

What's your score? O 개 X 개

다음 괄호 안의 주어진 단어를 이용하여 문장을 완성하세요.

1 그가 자신의 가족과 즐거운 시간을 가졌다면 좋을 텐데. (wish, have)

2 내가 너만큼 키가 크면 좋을 텐데. (wish, as)

3 네가 스위스(Switzerland)에서 햄버거를 먹었다면 좋을 텐데. (wish, hamburger)

4 그는 그 영화를 여러 번 봤던 것처럼 말했다. (talk, as if, several times)

5 그녀는 뭔가 이상한 소리를 들었던 것처럼 걸음을 멈췄다. (as if, hear, some, strange, sounds)

6 내가 저 불쌍한 아이들을 돌볼 수 있으면 좋을 텐데. (wish, look after, those)

7 그녀는 며칠 동안 아무것도 못 먹었던 것처럼 보인다. (look, as if, anything, a few)

8 네가 너의 남동생을 데려 왔으면 좋을 텐데. (wish, bring)

9 그는 다섯 개 언어를 말할 수 있는 것처럼 말한다. (talk, as if, speak, languages)

10 그는 마치 그 팀의 주장이 아니었던 것처럼 행동했다. (act, as if, captain of the team)

Actual Test

정답 p.15

다음 괄호 안의 주어진 단어를 이용하여 문장을 완성하세요.

1 안개가 없다면 나는 더 빨리 운전할 수 있을 텐데. (if it were not for, mist)

____

2 전기가 없다면 우리는 무척 불편할 텐데. (without, electricity, uncomfortable)

____

3 만약 김치(kimchi)가 없었다면 우리는 저녁을 먹을 수 없었을 텐데. (if it had not been for)

____

4 그가 그녀를 차로 태워주지 않았다면 그녀는 학교에 지각했을 텐데. (but for, give ~ a ride)

____

5 이메일이 없었다면 우리는 그 설문조사를 할 수 없었을 텐데. (without, email, conduct the survey)

____

6 그는 그것이 비밀이었던 것처럼 말했다. (as if, secret, speak)

____

7 그녀는 마치 백만장자인 것처럼 행동한다. (act, as though, millionaire)

____

8 그는 마치 대학에서 음악을 공부했던 척 했다. (pretend, as if, music, in college)

____

9 지금 이 순간 내가 꿈을 꾸고 있다면 좋을 텐데. (wish, moment)

____

10 법이 없다면 사람들은 제멋대로 행동할 텐데. (if it were not for, laws, act as they like)

____

New Words

animator 만화 제작자 | Switzerland 스위스 | several times 여러 번 | strange 이상한 | look after ~을 돌보다 | language 언어 | captain 주장 | mist 안개 | electricity 전기 | uncomfortable 불편한 | give ~ a ride ~를 태워 주다 | without ~없이 | conduct a survey 설문조사를 하다 | millionaire 백만장자 | pretend ~인 척 하다 | law 법 | act as one likes 제멋대로 행동하다

Paragraph Writing

작성일자 : ______월 ______일

필요한 곳에 가정법을 적절히 사용하여 다음 글을 영작하세요.

내가 만약 …

1 내가 만약 바람이라면 여름에 그대를 위해 시원한 바람을 불어줄 텐데
더운 날 상쾌한 산들바람처럼 그대 위해 시원한 바람을 불어줄 텐데

2 내가 만약 구름이라면 그대를 위해 촉촉이 비를 내려줄 텐데
메마른 땅에 반가운 단비처럼 그대 위해 비를 내려줄 텐데

3 내가 만약 큰 나무라면 그대를 위해 약간의 그늘을 만들어 줄 텐데
그대의 지친 몸과 마음 쉴 수 있도록 그대 위해 그늘을 만들어 줄 텐데

4 내가 만약 큰 바위라면 그대를 위해 벤치가 되어줄 텐데
힘든 하루 후에 편안히 앉게 하도록 그대 위해 벤치가 되어줄 텐데

5 나는 말하네 마치 내가 자연인 것처럼
나는 말하네 마치 내가 자유로운 것처럼

Help!

1 시원한 바람을 불다 blow cool air | 상쾌한 refreshing | 산들바람 breeze
2 촉촉이 비를 내리다 rain moistly | 반가운 단비처럼 like a welcome rain
3 약간의 그늘을 만들다 make some shade | 쉬다, 휴식을 취하다 rest
4 편안히 앉다 sit comfortably | 힘든 하루 후에 after a hard day
5 마치 ~인 것처럼 as if | 자연 nature | 자유로운 free

If I were...

1

2

3

4

5

Correcting Errors

정답 p.15

What's your score? O 개 X 개

다음 우리말과 같은 뜻이 되도록 어색한 부분을 바르게 고쳐 문장을 다시 쓰시오.

1 If I am you, I would give her a special present.

→

내가 만약 너라면, 그녀에게 특별한 선물을 줄 텐데.

2 I wish I can donate a lot of money to the poor.

→

내가 가난한 사람들에게 많은 돈을 기부할 수 있으면 좋을 텐데.

3 If it was not for the air, nobody could breathe every day.

→

만약 공기가 없다면, 아무도 매일 숨쉴 수 없을 텐데.

4 She talks as if she knows everything about science.

→

그녀는 과학에 대해 모든 것을 알았던 것처럼 말한다.

5 If I had been rich at that time, I could help them.

→

내가 그 당시에 부자였다면, 나는 그들을 도울 수 있었을 텐데.

6 They always speak as they were experts.

→

그들은 마치 그들이 전문가들인 것처럼 늘 말한다.

7 But their support, I wouldn't overcome the challenges.

→

그들의 지원이 없었다면, 나는 그 난제를 극복할 수 없었을 텐데.

8 If you had concentrated on the project, you could finish it quickly.

→

네가 그 프로젝트에 집중했다면, 너는 그것을 빨리 끝낼 수 있었을 텐데.

Chapter 8
일치와 화법

UNIT 15 · 수의 일치, 시제 일치의 예외

UNIT 16 · 화법

Paragraph Writing

Correcting Errors

UNIT 15

수의 일치, 시제 일치의 예외

A 단수 취급

every, each + 단수명사 + 단수동사	**Each employee follows** company policies. 각 직원들은 회사의 정책을 따른다.
시간, 거리, 가격, 무게 등이 하나의 단위로 사용될 때	**Three days is** a short trip. 3일은 짧은 여행이다.
과목명, 국가명, 책 제목 등이 주어일 때	**Economics studies** how we use resources. 경제학은 우리가 어떻게 자원을 이용하는지 연구한다.
A and B가 단일 개념으로 쓰일 때	**A poet and painter is** sitting next to me. 시인이자 화가가 내 옆에 앉아 있다.
the number of (~의 수) + 복수명사 + 단수동사	**The number of students** in the class **is** twenty. 교실에 있는 학생의 수는 20명이다.

B 복수 취급

역사적 사실은 과거형!

1 a number of (많은) + 복수명사 + 복수동사

A number of trees have fallen down. 많은 나무들이 쓰러졌다.

2 the +형용사 (~한 사람들) + 복수동사

The old are often lonely. 노인들은 자주 외롭다.

all, most, some, half, the rest 등은 경우에 따라 단수와 복수 모두 사용 가능하다.

C 시제 일치의 예외

1 **항상 현재 시제 :** 현재의 습관, 불변의 진리, 과학적 사실, 속담, 격언인 경우

He told the child that the Earth **is** round. 그는 그 아이에게 지구는 둥글다고 말했다.

2 **항상 과거 시제 :** 역사적 사실, 과거의 사건인 경우

They learned that King Sejong **invented** Hangeul. 그들은 세종대왕이 한글을 발명했다고 배웠다.

다음 빈칸에 들어갈 알맞은 단어를 적으세요.

1 모든 학생들이 출석해 있다.

→ Every ____________ ____________ present.

2 3년은 그를 기다리기에 너무 긴 시간은 아니야.

→ Three years ____________ not too long a time to wait for him.

3 논리학은 이해하기 어렵다.

→ Logics ____________ hard to understand.

Practice Test

정답 p.16

What's your score? O 개 X 개

다음 괄호 안의 주어진 단어를 이용하여 문장을 완성하세요.

1 모든 사람은 물이 필요하다. (everyone)

____

2 <로미오와 줄리엣> (*Romeo and Juliet*)은 이 서점에서 이번 주 베스트셀러이다.
(this week's best-seller, bookstore)

____

3 수학은 나에게 매우 어려운 과목이다. (mathematics, subject)

____

4 많은 과학자들이 백악관(the White House)으로 초청되었다. (a number of, scientist, invite)

____

5 그 건물의 절반은 그녀의 것이다. (half of the building)

____

6 그 건물들의 절반은 매우 아름답다. (half of the buildings)

____

7 나의 아버지는 시간은 금이라고 말씀하셨다. (tell, that)

____

8 그녀는 모차르트(Mozart)가 많은 좋은 곡들을 작곡했다고 자신의 딸에게 말할 것이다.
(that, compose, daughter, many)

____

9 빵과 잼은 아침식사로 아주 좋다. (bread and jam, for breakfast)

____

10 이 돈의 대부분은 Billy의 것이다. (most of)

____

정답 p.16

What's your score? O 개 X 개

다음 괄호 안의 주어진 단어를 이용하여 문장을 완성하세요.

1 모든 사람은 행복하게 살기를 원한다. (every person, happily)

____

2 200달러는 이 자전거에 비싼 가격이다. (two hundred dollars, a high price for)

____

3 미국은 50개의 주들로 구성되어 있다. (the United States, consist of, states)

____

4 2킬로미터는 차로 가기에는 매우 짧은 거리이다. (kilometers, a very short distance, by car)

____

5 젊은이들은 그들의 미래를 위해 열심히 일해야 한다. (the young, have to, future)

____

6 언어학은 몇 가지 분야들이 있다. (linguistics, have, several, branches)

____

7 그 아이는 어제 태양은 동쪽에서 뜬다는 것을 배웠다. (that, rise, in the east)

____

8 나는 한국전쟁(the Korean War)이 1950년에 발발했다고 알고 있다. (break out)

____

9 그녀는 매일 밤 10시에 잔다고 말했다. (say, that)

____

10 이 마을의 모든 주부들은 지역 농산물 직거래 시장에서 쇼핑을 한다.
(every, housewife in this town, at the local farmers' market)

____

New Words

policy 정책 | economics 경제학 | resource 자원 | lonely 외로운 | invent 발명하다 | present 출석한 | logics 논리학 | mathematics 수학 | subject 과목 | the White House 백악관 | compose 작곡하다 | the United States 미국 | consist of ~로 구성되다 | state 주 | distance 거리 | linguistics 언어학 | branch 분야 | in the east 동쪽에서 | break out 발발하다, 발생하다 | housewife 주부 | local farmers' market 지역 농산물 직거래 시장

UNIT 16

화법

A 평서문의 화법 전환

1 직접화법을 간접화법으로 바꾸는 방법 : 아래와 같이 어구가 변화한다.

직접화법		간접화법
said to	→	told
said	→	said
here	→	there
this	→	that
these	→	those
now	→	then

직접화법		간접화법
today	→	that day
yesterday	→	the previous day
tomorrow	→	the next day
ago	→	before
따옴표	→	that
주어	→	전달자의 입장에 맞게 변환

He **said to** me, "You look tired **today**." 그는 나에게 "너는 오늘 피곤해 보인다."라고 말했다.

→ He **told** me that I looked tired **that day**. 그는 나에게 그날 피곤해 보였다고 말했다.

2 따옴표 안의 시제가 과거이면 전달동사 시제보다 한 시제 앞선 시제로 쓴다.

He said to me, "You **were** great yesterday." 그는 나에게 "너는 어제 대단했어"라고 말했다.

→ He told me that I **had been** great the previous day. 그는 전날 내가 대단했다고 말했다.

B 의문문의 화법 전환

직접화법		간접화법
said to	→	asked
의문사가 있는 경우	→	의문사 그대로 사용
의문사가 없을 경우	→	if나 whether 사용
(조)동사 + 주어	→	의문사 [if, whether] + 주어 + 동사

She **said to** me, "Do you like soccer?" 그녀는 나에게 "너는 축구를 좋아하니?" 라고 말했다.

→ She **asked** me **if** I liked soccer. 그녀는 내가 축구를 좋아하는지 나에게 물었다.

C 명령문의 화법 전환

직접화법		간접화법
said to	→	order (명령), advise (충고), ask (요청)
명령문의 동사원형	→	to + 동사원형

Our teacher **said to** us, "Do your homework!" 우리 선생님이 우리에게 "숙제를 하라!"고 말씀하셨다.

→ Our teacher **ordered** us **to do** our homework. 우리 선생님은 우리에게 숙제를 하라고 지시하셨다.

부정 명령문 : 「not to + 동사원형」

ex He said to her, "Don't be late!" 그는 "늦지마"라고 그녀에게 말했다.

→ He ordered her not to be late. 그는 그녀에게 늦지 말라고 지시했다.

D Let's ~의 화법 전환

직접화법		간접화법
said to	→	suggested [proposed] (to 목적격 that)
Let's	→	that + 주어 + should + 동사원형 / one's + -ing

He **said to** me, "**Let's** go now." 그는 나에게 "지금 가자"라고 말했다.

→ He **suggested to me that** we **should** go then. 그는 우리가 그때 가야 한다고 나에게 제안했다.

→ He **proposed our going** then. 그는 우리가 그때 가는 것을 제안했다.

Practice Test

정답 p.16

What's your score? O 개 X 개

다음 괄호 안의 주어진 단어와 조건을 이용하여 문장을 완성하세요.

1 그녀는 나에게 "너는 오늘 피곤해 보인다."라고 말했다. (say to, tell, look tired)

1 직접화법 ______________________________

2 간접화법 ______________________________

2 Ryan이 "나는 어제 학교에 지각했어."라고 그녀에게 말했다. (say, tell, late for school)

1 직접화법 ______________________________

2 간접화법 ______________________________

3 그는 "너는 배가 고프니?"라고 나에게 물었다. (ask, hungry)

1 직접화법 ______________________________

2 간접화법 ______________________________

4 나는 그에게 "너는 그것을 어떻게 알았니?"라고 물었다. (ask, how, that)

1 직접화법 ______________________________

2 간접화법 ______________________________

5 그녀는 "여기에 주차하지 마."라고 그에게 말했다. (tell, order, park, here)

1 직접화법 ______________________________

2 간접화법 ______________________________

정답 p.16

What's your score? O 개 X 개

다음 괄호 안의 주어진 단어를 이용하여 문장을 완성하세요.

1 Jane은 그에게 어디 출신인지 물었다. (where, ask, be from)

____

2 Sally는 그에게 클래식 음악을 좋아한다고 말했다. (tell, classical music)

____

3 엄마는 나에게 내가 그 전날 어디에 있었냐고 물었다. (ask, where)

____

4 그녀는 나에게 내가 그 다음 날에 무엇을 먹을지 물었다. (ask, the next day)

____

5 David는 그녀에게 포기하지 말라고 조언했다. (advise, give up)

____

6 그 경찰관은 그들에게 그 트럭을 따라가자고 제안했다. (suggest to, that, should, follow)

____

7 그 선생님은 나에게 그렇게 쉽게 화를 내지 말라고 충고했다. (advise, angry, easily)

____

8 그는 그때 우리에게 바다로 가자고 제안했다. (propose, our, go)

____

9 그녀는 그 전날 자신의 지갑을 잃어버렸다고 나에게 말했다. (tell, purse)

____

10 그는 나에게 그때 피곤했냐고 물었다. (ask, if, be tired, then)

____

New Words

previous 이전의 | order 명령하다 | advise 조언하다, 충고하다 | suggest 제안하다 (= propose) | look ~처럼 보이다, ~인 것 같다 | be late for school 지각하다 | park 주차하다 | classical music 클래식 음악 | give up ~을 포기하다 | follow ~을 따라가다 | easily 쉽게 | purse 지갑 | ask 묻다, 물어보다 | tired 피곤한 | then 그때

Paragraph Writing

작성일자 : ______월 ______일

필요한 곳에 간접화법을 적절히 사용하여 다음 글을 영작하세요.

오늘을 돌아보며 …

1 오늘 나의 친한 친구 중 한 명인 Cindy와 절교를 했다. 친한 친구와 절교를 한다는 것은 어려운 일이다. 하지만 오늘 아침 나는 충격을 받았다.

2 Becky는 Cindy가 내 남자친구인 Steve를 좋아한다고 말했다. 나는 믿을 수가 없었다. 그때 Steve와 Cindy가 서로 함께 웃으며 이야기하는 것을 봤다. 나는 너무 화가 나서 Cindy에게 절교를 하자고 제안했다.

3 나는 그녀와 다시는 이야기하기를 원하지 않는다고 말했다. 방과 후에 집으로 와서 나는 혼란스러웠고, 그래서 언니 Jane에게 무슨 일이 있었는지를 말했다.

4 Jane은 내 이야기를 듣자마자 웃으며 나에게 Cindy와 Steve는 같은 교회에 다니고 함께 연극을 하고 있다고 말했다. 그녀는 그들이 함께 연습하는 것을 보았었다고 말했다. 그녀는 그들이 그 연극을 위해 연습을 하고 있었다고 말했다. Steve는 교회에서 연극을 한다고 나에게 말했지만 나는 Cindy가 같은 연극을 하는 것은 몰랐다.

5 나는 내일 그녀에게 사과할 것이다. 내일 아침이 빨리 오면 좋겠다.

Help!

1 절교하다 end a relationship | 오늘 아침 this morning
2 서로 each other | 제안하다 suggest | 절교하다 end one's relationship
3 혼란스럽다 be confused | 발생하다 happen
4 ~하자마자 as soon as | 함께 연극을 하다 do a play together | 연습하다 practice
5 사과하다 apologize | ~이 빨리 오면 좋겠다 can't wait for ~

Looking Back Today...

1

2

3

4

5

Correcting Errors

정답 p.17

What's your score? O 개 X 개

다음 우리말과 같은 뜻이 되도록 어색한 부분을 바르게 고쳐 문장을 다시 쓰시오.

1 Every people have their own unique talents.

→

모든 사람은 자신만의 독특한 재능을 가지고 있다.

2 Each cases need more witnesses to the accident.

→

각각의 사건은 그 사고에 대한 더 많은 목격자들을 필요로 한다.

3 The number of the participants were only five.

→

그 참가자들의 수는 겨우 5명이었다.

4 She asked me what is my email address.

→

그녀는 나에게 나의 이메일 주소가 무엇인지 물었다.

5 The teacher ordered me don't forget my homework again.

→

그 선생님은 나에게 다시는 나의 숙제를 잊지 말라고 명령하셨다.

6 He asked me what I was hungry or not.

→

그는 내가 배가 고픈지 아닌지를 물었다.

7 John proposed my join the team today.

→

John은 내가 오늘 팀에 합류할 것을 제안했다.

8 A number of student gathered in the library to study for their exams.

→

많은 학생들이 그들의 시험을 공부하기 위해 도서관에 모였다.

Chapter 9
특수 구문

UNIT 17

강조, 부분 부정

Ⓐ 강조

일반동사의 강조	「do / does / did + 동사원형」
	I **do** love you. 나는 너를 정말 사랑한다.
명사 강조	「the very + 명사」 '바로 그'
	This is **the very** car that I wanted to buy. 이것은 내가 사고 싶었던 바로 그 차이다.
의문사 강조	on earth, in the world, ever '도대체'
	What **on earth** are you talking about? 너 도대체 무슨 말을 하고 있니?
It ~ that 강조	「It is [was] + 강조어 + that」 '~한 것은 바로 …이다[였다]'
	It was Tom **that** broke the window. 창문을 깬 사람은 바로 Tom이었다.

Ⓑ 부분 부정

「not + all, every, both, always」: '모두, 둘 다, 항상 ~은 아니다'

All that glitters is **not** gold. 반짝이는 것이 다 금은 아니다.

Ⓒ 기타 표현들

1 should have p.p. : '~했어야 했다, ~했어야 했는데'

I **should have studied** harder. 나는 더 열심히 공부했어야 했어.

2 must have p.p. : '~였음[했음]이 틀림없다'

He passed the exam. He **must have studied** hard.

그는 시험에 합격했다. 그는 열심히 공부했음이 틀림없다.

Simple Test 다음 빈칸에 들어갈 알맞은 단어를 적으세요.

1 그는 정말 그 일을 세 시간 안에 끝냈다.
→ He ____________ finish the work within three hours.

2 이것은 내가 찾던 바로 그 역사책이다.
→ This is ____________ ____________ history book that I was looking for.

3 그들이 파티를 한 곳은 바로 Lisa의 집이었다.
→ It was at ____________ ____________ that they had a party.

4 할머니에게 작별 인사 했어야 했는데.
→ I ____________ ____________ said goodbye to my grandmother.

Practice Test

정답 p.17

What's your score? O 개 X 개

다음 괄호 안의 주어진 단어를 이용하여 문장을 완성하세요.

1 나는 정말 이 대회에서 MVP가 되고 싶다. (do, want, in, competition)

______

2 그녀의 선택이 항상 좋은 선택인 것은 아니다. (choice, always)

______

3 어제 가게에서 커피를 산 사람은 바로 Susan이었다. (it, that)

______

4 어제 Susan이 그 가게에서 산 것은 바로 커피였다. (it, that)

______

5 어제 Susan이 커피를 산 곳은 바로 그 가게였다. (it, that)

______

6 Susan이 그 가게에서 커피를 산 때는 바로 어제였다. (it, that)

______

7 너는 여기서 그의 지시를 따랐어야 했어. (directions, follow)

______

8 그는 많은 사람들에게 초대장을 보냈음이 틀림없다. (many, invitations)

______

9 그는 챔피언스 리그(the Champions League) 결승전에서 결승골을 정말 넣었다.
(do, score the winning goal, in the final of)

______

10 도대체 누가 너의 신발을 훔쳤을까? (in the world)

______

Actual Test

정답 p.18

다음 괄호 안의 주어진 단어를 이용하여 문장을 완성하세요.

1 우리가 지난주에 갔던 곳은 바로 그 박물관이었다. (museum)

______

2 우리가 그 박물관에 갔던 때는 바로 지난주였다.

______

3 지난주에 그 박물관에 갔던 사람은 바로 우리였다.

______

4 Jessica는 정말 빌 게이츠(Bill Gates)에게 편지를 썼다. (write a letter, do)

______

5 너는 도대체 열쇠도 없이 어떻게 그 문을 열었니? (on earth, without your keys)

______

6 이 순간이 내가 바라고 있던 바로 그 순간이다. (this, moment, hope for)

______

7 아이들의 의견이 항상 틀린 것은 아니다. (opinions, always)

______

8 그들은 그 작업을 더 일찍 포기했어야 했다. (abandon, the work)

______

9 그들은 어제 아무것도 하지 않았음이 틀림없다. (do nothing)

______

10 모든 군인들이 다 용감한 것은 아니다. (all, soldiers, brave)

______

New Words

glitter 반짝반짝 빛나다 | within ~이내에 | look for ~을 찾다 | have a party 파티를 열다 | say goodbye (to) ~에게 작별 인사를 하다 | choice 선택 | follow ~을 따르다 | direction 지시, 방향 | invitation 초대(장) | score 득점하다 | winning goal 결승골 | final 결승전 | stole steal (훔치다)의 과거 | hope for ~을 바라다 | opinion 의견 | abandon ~을 버리다, 포기하다

UNIT 18

도치

Ⓐ 「부사(구) + 동사 + 주어」

장소 부사(구)를 강조하기 위해 부사구를 문장 앞에 쓸 때 「부사(구) + 동사 + 주어」 순서로 쓴다.

Here **comes the bus.** 여기 버스가 온다.

Ⓑ 「부정어(구) + 동사 + 주어」

부정어구 : not, never, hardly, seldom, scarcely, rarely, little, few 등

부정어(구)를 강조하기 위해 문장 앞에 쓸 때 「부정어(구) + 동사 + 주어」 순서로 쓴다.

be동사일 경우	「부정어(구) + be동사 + 주어」
	Not until May **was Mary** able to finish her thesis. 5월이 되어서야 비로소 Mary는 그녀의 논문을 끝낼 수 있었다. not until ~ : ~이 되어서야 비로소 ...하다
일반동사일 경우	「부정어(구) + do [does, did] + 주어 + 본동사」
	Little did Larry dream that she would call him. Larry는 그녀가 그에게 전화를 할 거라고 꿈도 꾸지 못했다.
완료형일 경우	「부정어(구) + have [has, had] + 주어 + p.p.」
	Never have I sailed under the moonlight. 나는 한 번도 달빛 아래에서 항해해본 적이 없다.

Not until October did fall come.
10월이 되어서야 가을이 왔다.

Ⓒ 가정법에서 if의 생략에 의한 도치

If I were a bird, I could fly to you easily. 만약 내가 새라면 너에게 쉽게 날아갈 텐데.

→ **Were I** a bird, I could fly to you easily.

Ⓓ 기원문의 도치

Long **live the king!** 왕이여 장수하소서!   **May you** be happy! 당신이 행복하기를!

다음 빈칸에 들어갈 알맞은 단어를 적으세요.

1 나무 아래에서 Jackson이 책을 읽고 있었다.
→ Under the tree ____________ ____________ reading a book.

2 여기 Sally가 온다. → Here ____________ ____________.

3 내가 부자라면 가난한 사람들을 많이 도울 텐데.
→ ____________ ____________ rich, I would help many poor people.

4 그녀는 그 소식을 듣고 난 후에 어떤 말도 하지 않았다.
→ Not a single word ____________ ____________ say after hearing the news.

Practice Test

정답 p.18

What's your score? O 개 X 개

도치 구문을 사용해서 우리말에 맞게 영작하세요.

1 나는 그녀가 내 사무실을 방문할 것을 거의 예상하지 못했다. (little, expect, visit)

2 그녀는 똑똑할 뿐 아니라 아름답기도 하다. (not only, smart, but)

3 그들이 무사히 집에 돌아오기를! (may, return home, safe)

4 여기 우리가 타야 할 버스가 온다. (here, that, take, have to)

5 만약 내가 거기 있었더라면 너를 도울 수 있었을 텐데. (there)

6 그는 단 한 잔의 콜라도 마시지 않았다. (not a single cup of, Coke)

7 그들이 라이브 콘서트를 하는 것을 우리는 거의 볼 수가 없다. (hardly ever, live concert)

8 언덕 위에 하얀 집이 서 있었다. (hill, stand)

9 그녀가 오고 나서야 비로소 우리는 그 회의를 시작할 수 있었다. (not until, the meeting)

10 나는 그렇게 키가 큰 남자는 단 한 번도 본 적이 없다. (never, such a)

Actual Test

정답 p.18

What's your score? O 개 X 개

도치 구문을 사용해서 우리말에 맞게 영작하세요.

1 그녀는 거의 화를 내지 않는다. (hardly ever, lose one's temper)

2 내가 너라면 그녀에게 사실을 말할 텐데. (tell ~ the truth)

3 나는 영국에 한 번도 가본 적이 없다. (never, to England)

4 자정이 되어서야 비로소 그 가게는 문을 닫았다. (not until, midnight, close)

5 그들은 그들 앞의 위험을 거의 인식할 수 없었다. (hardly, be able to, recognize, ahead of, danger)

6 그는 한국에 와서야 비로소 한국어를 배웠다. (not until)

7 나는 그렇게 심한 폭풍우는 본 적이 없다. (never, such, severe, storm)

8 오늘 아침이 되어서야 비로소 비 내리는 것이 멈췄다. (not until, it)

9 신이 당신을 축복하기를! (may, bless)

10 Daniel은 거의 학교에 지각하지 않는다. (seldom)

New Words

be able to ~할 수 있다 | thesis 논문 | starve 굶주리다 | expect 예상하다 | safe 안전한, 무사한 | return 돌아오다 | lose one's temper 화를 내다 | midnight 자정 | close (가게) 문을 닫다 | hardly 거의 ~아니다 | recognize ~을 인식하다 | ahead of ~앞에 | danger 위험 | severe 심한 | learn 배우다 | storm 폭풍(우) | bless 축복하다 | seldom 좀처럼[거의] ~않는

Paragraph Writing

작성일자 : ______월 ______일

필요한 부분에 특수 구문을 적절히 사용하여 다음 글을 영작하세요.

공부를 더 열심히 했어야 했어!

1 오늘 기말고사가 있었다. 하지만 나는 망했다. 시험이 있기 한 달 전에 나는 그 시험을 준비하기 시작했다. 하지만 충분히 준비하지 못했다. 나는 컴퓨터 게임을 하지 말았어야 했다. 나는 공부하는 것보다 게임하는 데 더 많은 시간을 보냈다.

2 내가 게임을 할 때면 언제나 집중을 잘할 수 있다. 하지만 공부를 할 때에는 그럴 수가 없다. 내가 공부할 때 집중을 못한 이유는 바로 목표 의식의 부족 때문이었다.

3 컴퓨터 게임을 할 때 내 목표는 기록을 깨는 것이다. 하지만 공부를 할 때 나는 목표가 없다. 나는 더 열심히 공부했어야 했다. 시험이 끝나고 나서야 비로소 나는 확실한 목표를 갖는 것의 중요성을 깨달았다. 나는 도대체 무슨 생각을 하고 있었던 걸까?

4 다음 시험에 나는 목표가 있을 것이다. 이제 어떻게 성공하는지를 알아서 나는 다음 시험은 잘 볼 것이라고 확신한다.

Help!

1 기말고사 the final exam | 망하다, 망치다 do terrible | ~하기 한 달 전 one month before | 준비를 시작하다 start preparations | ~했어야 했다 should have p.p. | ~보다는 rather than

2 ~할 때면 언제나 whenever | 부족; 부족하다 lack | 목표 의식 a sense of purpose | ~에 집중하다 concentrate (on)

3 ~의 기록을 깨다 break one's record (score) | ~하고 나서야 비로소 …하다 not until | 깨닫다 realize | 중요성 importance | 명백한, 확실한 clear | 도대체 on earth

4 확신하다 be sure | 시험을 잘 보다 do well on the test

I Should Have Studied Harder!

1

2

3

4

Correcting Errors

정답 p.19

What's your score? O 개 X 개

다음 우리말과 같은 뜻이 되도록 어색한 부분을 바르게 고쳐 문장을 다시 쓰시오.

1 He did loved Stella with all his heart.

→

그는 온마음을 다해 Stella를 정말 사랑했었다.

2 It was at the park what I first rode a bicycle.

→

내가 처음으로 자전거를 탄 곳은 바로 그 공원이었다.

3 I lost my wallet. I should have be careful

→

나는 지갑을 잃어버렸다. 나는 주의했어야 했다.

4 Hardly he did his homework. The homeroom teacher would call his mom.

→

그는 숙제를 거의 하지 않았다. 담임선생님이 그의 엄마에게 전화를 하곤 했다.

5 Here the bus comes to the bus stop.

→

버스가 그 버스 정류장으로 온다.

6 He didn't prepare the presentation. He must have busy.

→

그는 프레젠테이션을 준비하지 않았다. 그는 바빴음에 틀림없다.

7 This is very place where I really wanted to come.

→

이곳은 내가 정말 오기를 원했던 바로 그 장소이다.

8 I were a famous movie star, I could take part in the Movie Awards. (if를 쓰지 말 것)

→

만약 내가 유명한 영화배우라면, 그 영화 시상식에 참여할 수 있을 텐데.

Final Test

Final Test 1

(1~20) 다음 빈칸에 들어갈 알맞은 단어를 적으세요.

1. 그가 뭐라고 말할지라도 나는 그를 믿을 수 없다.

   ________ he says, I can't trust him.

2. 그는 여름이 되어서야 비로소 체중을 감량했다.

   ________ ________ the summer did he lose weight.

3. 그녀는 그 소식을 몰랐기 때문에 매우 혼란스러웠다.

   ________ ________ the news, she was very confused.

4. 너뿐만 아니라 그녀도 그들의 친척이구나.

   ________ ________ you ________ she is their relative.

5. 솔직히 말해서, 이 음식 맛이 없다.

   ________ ________, this food is not delicious.

6. 전에 그녀를 본 적이 없었기 때문에 그는 긴장했다.

   ________ ________ ________ her before, he was nervous.

7. 그 건물은 이 회사에 의해 완공되고 있다.

   The building ________ ________ ________ by this company.

8. 이곳이 내 할아버지가 태어나신 마을이야.

   This is ________ ________ ________ my grandfather was born.

9. 네가 이것을 만들었던 방법을 말해줘.

   Tell me ________ ________ you made this.

10. 그녀는 그 사실을 몰랐음이 틀림없다.

    She ________ not ________ ________ the fact.

What's your score? O 개 X 개

11 그는 그 공을 멀리 던졌어야 했다.

He ___ ___ ___ the ball far away.

12 잘 해낼 충분한 시간이 없었음에도 그는 그것을 빠르게 끝냈다.

___ ___ enough time to do it well, he finished it quickly.

13 그녀가 아니라 네가 그의 누나구나.

___ she ___ you ___ his older sister.

14 그것을 거기에 머물도록 해라.

___ it ___ ___ there.

15 그녀가 나의 친구라면 좋을 텐데.

I ___ she ___ my friend.

16 그는 매우 피곤했었던 것처럼 보였다.

He looked ___ ___ he ___ ___ very tired.

17 만약 내가 아이라면 장난감을 많이 가질 수 있을 텐데.

___ I ___ a child, I ___ have many toys.

18 네가 무엇을 말하든지 나는 그것을 하겠다.

___ you say, I ___ do it.

19 네가 무엇을 하든지 최선을 다해라.

___ ___ ___ you do, do your best.

20 누구든지 그와 결혼하면 행복할 거야.

___ ___ him will be happy.

Final Test 2

(1~20) 다음 괄호 안의 주어진 단어와 조건을 활용하여 문장을 완성하세요.

1 만약 내가 나비라면 꽃 위에 앉을 텐데. (if, butterfly, land on)

2 만약 그것이 돈이었으면 내가 그것을 주웠을 텐데. (if, pick ~ up)

3 내가 원어민처럼 영어를 말할 수 있으면 좋을 텐데. (wish, native speaker)

4 그는 마치 자기가 아기인 것처럼 말한다. (as if, talk)

5 물리학은 내가 가장 좋아하는 과목이다. (physics, subject)

6 그는 지구가 태양 주위를 공전한다고 설명했다. (revolve, explain)

7 그녀는 나에게 내 취미가 무엇인지 물었다. (ask)

8 그 깨진 접시는 엄마가 가장 좋아하는 것이었다. (break, dish, Mom's favorite one)

9 그는 음악을 들으면서 설거지를 했다. (분사구문으로)

10 엄격히 말해서, 그녀는 혼자 힘으로 숙제를 하지 않았다. (by herself)

유형독해 입문편

정답 & 해설

UNIT 01 글의 목적 파악

본문 p.12

대 표 예 제 정답 ①

소중한 고객님들께
저희는 저희 제품과 서비스를 자랑스러워합니다. 저희는 건강식품과 자연식품을 30년 넘게 제공해 오고 있습니다. 저희는 여러분의 쇼핑이 즐거운 경험이 될 수 있도록 항상 최선을 다합니다. 동시에, 저희는 저희 상점을 개선하는 것에 관심을 가지고 있습니다. 당신이 다음 설문지에 응답해 주심으로써 저희를 도와 주실 수 있습니다. 당신이 이 설문지를 완료한 후에, 그것을 계산대 직원들 중 한 명에게 건네주십시오. 그들은 당신의 협조에 대한 특별 할인 쿠폰을 드릴 것입니다.
진심으로,
Taylor Williams
공동 설립자이자 최고 경영자

해설

상점 개선을 위한 설문지를 작성하면 특별 할인 쿠폰을 준다는 것이 글의 주된 내용이다. 따라서 글의 목적으로 가장 적절한 것은 ①이다.

어휘

valued	소중한
proud	자랑스러운
product	제품
offer	제공하다
healthy	건강한
natural	자연의
do one's best	최선을 다하다
enjoyable	즐거운
experience	경험; 경험하다
at the same time	동시에
improve	개선하다, 향상시키다
survey	설문지
hand	건네다
checkout	계산대
clerk	직원
cooperation	협조, 협력
cofounder	공동 설립자
CEO	최고 경영자(chief executive officer)

유형 연습하기 정답 01 ② 02 ② 본문 p.14

01 정답 ②

"반짝반짝, 작은 별, 네가 어디에 있는지 무척 궁금하구나." 더 이상 궁금해 하지 마세요. San Diego는 조용한 언덕과 평원에서 별을 바라보기에 늘 훌륭한 장소이어 왔습니다. "작은 별(엷게 빛나는 별), 큰 별(밝게 빛나는 별)", 그것은 모두 오늘밤 Palomar 천문대에서 기다리고 있습니다. Palomar 산의 Palomar 천문대는 천문학 연구를 위한 5대의 망원경으로 밤하늘의 반짝거림의 광경을 제공합니다. 그것은 현대 천문학의 선두에 서 있는 200인치짜리의 유명한 Hale 망원경의 기지입니다.

해설

Palomar 산에 위치한 Palomar 천문대에서 망원경을 통해서 밤하늘의 별을 볼 수 있다는 것이 글의 주된 내용으로, 이 글의 목적으로 가장 적절한 것은 ②이다.

Quick Check 정답 1 F 2 observatory

1. 당신은 위에서 언급된 장소에서 많은 유명한 과학자들을 만날 수 있다.
2. 천문대: 과학자들이 행성, 별, 날씨 등을 볼 수 있는 건물

해설

1 천문학자를 만날 수 있다는 내용은 언급되어 있지 않다.
2 과학자들이 행성, 별, 날씨 등을 볼 수 있는 건물은 '천문대'이므로 observatory가 적절하다.

어휘

twinkle	반짝이다
wonder	궁금하다
no more	더 이상 ~않는
hilltop	언덕
plain	평원
light	엷게 빛나는
bright	밝게 빛나는
observatory	천문대, 관측소
view	광경; 보다
telescope	망원경
research	연구
home	기지, 고향
forefront	선두, 중심
modern	현대의
astronomy	천문학

02 정답 ②

담당자님께
제 아내와 저는 수년간 귀사의 간행물을 받아보는 것을 즐거워해 왔습니다. 불행히도, 저희는 주말에 대부분 집에서 나가 있어서, 우리는 그저 일간 신문을 계속 (구독)할 수 없습니다. 그래서 저희는 귀사가 우리 집에 배달을 멈춰주실 것을 요청하고 싶습니다. 이 문제에 관해서 질문이 있으시면, (212) 555-5612로 메시지를 남겨주세요. 그러면 제 아내 또는 제가 귀사에 회신할 것입니다. 수년간 일류 신문의 믿을 수 있는 배달에 감사드립니다. 만약 저희의 상황이 바뀌면, 배달을 다시 시작하도록 귀사에 전화하겠습니다.
진심으로
Louganis G. Lee

해설

주말에 집에서 대부분 나가 있으므로 신문 구독을 중단해 줄 것을 요청하고 있다. 따라서 이 글의 목적으로 가장 적절한 것은 ②이다.

Quick Check 정답 1 stop 2 Either, or

1. 저희는 귀사가 저희 집으로 신문 배달을 멈추기를 원합니다.

해설

1 신문 배달 중지를 요청하고 있으므로 stop이 적절하다.
  *continue 계속하다
2 「A or B」는 「either A or B」로 표현한다.

어휘

whom it may concern	담당자
receive	받다
publication	간행물
unfortunately	불행히도
mostly	주로
simply	그냥, 그저
keep up with	~을 계속하다
daily paper	일간 신문
request	요청하다
delivery	배달
matter	문제
leave	남기다, 떠나다
either A or B	A 또는 B 둘 중 하나
reliable	믿을 수 있는
first-class	일류의
situation	상황
restart	다시 시작하다

UNIT 02 심경 · 분위기 파악

본문 p.16

대표예제

정답 ④

Daniel은 머물러야 할지 떠나야 할지를 결정해야만 했다. 그는 그의 가족의 안전에 대해 걱정했다. 마침내, 그는 작은 비행기를 타고 영국으로 날아가기로 결심했다. 비행기가 이륙했지만, 그는 그 비행의 성공을 확신하지 못했기 때문에 여전히 불안했다. 만약 독일군이 그 비행기를 발견했다면, 그들은 그와 그의 가족을 공중에서 죽였을 것이다. 그가 영국에 가까워졌을 때, 비행기가 갑자기 이상한 소리를 냈고 흔들리기 시작했지만, 그것은 영국에 안전하게 착륙했다. 그의 눈은 기쁨의 눈물로 가득 찼다.

해설

비행의 성공을 확신하지 못한 채 그와 가족의 안전을 걱정하며 영국으로 날아가기로 결정을 했지만 결국 안전하게 착륙했다는 내용이다. 따라서 Daniel의 심경 변화로 가장 적절한 것은 ④ worried → relieved(걱정스러운 → 안도하는)이다.

① 지루한 → 재미있어 하는 ② 부끄러운 → 자랑스러운
③ 행복한 → 우울한 ⑤ 흥미로운 → 실망한

어휘

whether	인지 (아닌지·(아니면) ~인지)
safety	안전
take off	이륙하다
nervous	불안한
success	성공
flight	비행
approach	가까워지다, 다가가다
suddenly	갑자기
be full of	~으로 가득차다
bored	지루한
amused	재미있어 하는
ashamed	부끄러운
depressed	우울한
relieved	안도하는
disappointed	실망한

유형 연습하기

정답 01 ③ 02 ⑤

본문 p.18

01

정답 ③

갈매기 한 마리가 깨끗한 해변에 있다. 해변에서 오래된 마을로 걸어가는데, 감미로운 음악 소리가 우리를 맞이한다. 길모퉁이를 도니 한 오래된 건물 앞에 한 무리의 음악가들의 모습이 보인다. 그들은 친숙한 베토벤의 어떤 곡을 꽤 잘 연주하고 있다. 유모차 안에서 미소 짓고 있는 남자 아기가 식당 안에 있는 한 식탁에 있다. 그의 어머니는 한 병에서 유아식을 그에게 먹이고 있다. 그는 또한 그 주위의 모든 다른 일에도 관심이 있다.

해설

한가로운 바닷가 마을에 감미로운 음악 소리가 들리고 미소 짓고 있는 아기가 유모차에 있는 모습이 그려지는 평화로운 내용으로, 이글의 분위기로 가장 적절한 것은 ③ peaceful(평화로운)이다.

① 슬픈 ② 무서운 ④ 익살스러운 ⑤ 불가사의한

Quick Check 정답 1 feed 2 F

1. 먹이다: 누군가에게 먹을 음식을 주다
2. 음악가들은 식당 앞에서 베토벤의 곡을 연주하고 있었다.

해설

1 '누군가에게 먹을 음식을 주는' 것이므로 feed가 적절하다.
2 글의 중반부에 음악가들은 한 오래된 건물 앞에서 연주를 하고 있지만 식당 앞이라는 내용은 언급되어 있지 않기 때문에 F가 맞다.

어휘

lone	하나의
seagull	갈매기
sweet	감미로운, 달콤한
greet	맞이하다, 인사하다
turn	돌다
corner	모퉁이
familiar	친숙한
rather well	꽤 잘
feed	먹이다
baby food	이유식, 유아식
jar	병
be interested in	~에 관심이 있다
scary	무서운
humorous	익살스러운
mysterious	불가사의한

02

정답 ⑤

내가 커피숍에서 종업원으로 일했을 때 한 소년이 들어왔다. 그는 테이블에 앉아서 나에게 과일을 얹은 아이스크림이 얼마냐고 물었다. "50센트예요." 나는 대답했다. 그 어린 소년은 동전을 그의 주머니 밖으로 빼서 살펴보았다. "보통 아이스크림은 얼마예요?" 그는 물었다. 몇몇 사람들이 이제 테이블을 기다리고 있었다. "35센트예요." 나는 화가 나서 말했다. 그 어린 소년은 동전들을 세었고 보통 아이스크림을 주문했다. 나는 그에게 아이스크림을 가져다주고 가버렸다. 그 소년은 아이스크림을 다 먹고, 계산원에게 돈을 지불하고 떠났다. 내가 돌아왔을 때 내 팁으로 15센트가 빈 접시 옆에 있었다.

해설

주인공은 아이스크림 가격을 여러 번 묻는 소년에게 참지 못하고 화를 내며 말했지만, 소년이 주머니 안에 가지고 있는 돈을 세며 머뭇거린 것이 자신에게 팁을 주려고 했기 때문임을 알게 된 내용으로 주인공의 심경 변화로 가장 적절한 것은 ⑤ annoyed(짜증이 난) → ashamed(부끄러운)이다.

① 느긋한 → 화난
② 차분한 → 부러워하는
③ 친절한 → 두려워하는
④ 겁먹은 → 만족한

Quick Check

정답 1 F 2 impatient

1. 그 소년은 여종업원이 친절하게 대해 주었기 때문에 팁을 남겨두었다.
2. 소년이 두 번 아이스크림의 가격을 물었을 때, 여종업원은 참을성이 없었다.

해설

1 커피숍에 몇몇 사람들이 기다리고 있어서 여종업원은 화가 났었다는 내용으로 친절하게 대해 주었다는 내용은 틀리다.
2 글의 중반부에 소년이 아이스크림 가격을 두 번 물은 후 여종업원은 화가 나서 대답했다는 내용으로 보아 impatient(참을성 없는)가 적절하다.

어휘

reply	대답하다
out of	~의 밖으로
plain	보통의, 무늬가 없는
cashier	계산원
empty	빈; 비우다
relaxed	느긋한
calm	차분한
envious	부러워하는
scared	두려워하는
frightened	겁먹은
satisfied	만족한
annoyed	짜증이 난
ashamed	부끄러운
patient	참을성 있는; 환자
impatient	참을성 없는, 짜증난

UNIT 03 함축적 의미 파악

본문 p.20

대표예제

정답 ③

당신은 '정신의 중고품 처분 판매'에 대해 들어 본 적이 있는가? 당신은 새로운 것을 위한 공간을 마련하기 위해 마음속의 쓰레기를 제거하는 것을 생각해 본 적이 있는가? 우리는 그것들이 다시 사용될 일이 결코 없음에도 불구하고 마음속에 기억들을 간직하려는 경향이 있다. 그러므로 망설이지 말고 마음속의 중고품들을 처분하라. 수년간 챙겨서 치워 놓았던 나쁜 기억들을 펼쳐라. 이것을 하는 시간을 가짐으로써 당신의 불쾌한 기억들을 제거해라.

해설

밑줄 친 부분 앞에서 우리는 마음의 쓰레기(나쁜 기억)를 지니고 있는 경향이 있다고 언급하고, 뒷부분에서는 그 기억들을 제거하라고 하는 내용이므로 밑줄 친 have a garage sale의 함축적 의미는 ③ Remove the past hurt in your mind(당신의 마음속 과거의 상처들을 지워라)가 맞다.

① 낡은 물건들의 숨은 가치를 발견하라
② 차고에 있는 쓰레기를 버려라
④ 당신의 정신 건강을 위해 규칙적으로 운동하라
⑤ 중고 매장을 이용하라

어휘

mental	정신의
garage sale	(개인이 자기 집 차고에서 하는) 중고품 염가 판매
remove	제거하다
room	공간, 여지
tend to	~하는 경향이 있다
trash	쓰레기
open up	펼치다
pack away	챙겨서 치워 놓다
unpleasant	불쾌한
value	가치

regularly	규칙적으로
take advantage of	이용하다
second-hand	중고의

유형 연습하기 정답 01 ④ 02 ④

본문 p.22

01

정답 ④

웃음과 통증 사이의 명확한 관련성을 보여주는 연구는 없다. 그러나 많은 환자들은 크게 웃은 후에 통증이 감소했다고 말해 왔다. 어떤 의사들은 그러한 감소가 혈액 속에 화학 물질들 때문일지도 모른다고 말한다. 환자들은 또한 그들이 웃을 때 단순히 통증을 잊기 때문에 통증을 덜 느끼는 것인지도 모른다. 이러한 이유로 많은 사람들은 Groucho Marx의 의견인 "광대는 아스피린과 같다."라는 말에 동의할 것이다.

해설

많은 환자들이 크게 웃은 후에 통증이 감소하였다는 웃음과 통증 사이의 관련성에 관한 내용의 글로 clown은 사람들에게 웃음을 선사하는 광대를 의미하므로 'A clown is like an aspirin'의 함축적 의미는 ④ Laughter is effective for pain.(웃음은 통증에 효과적이다.)이 가장 적절하다.

① 광대를 훈련하는 것은 통증에 도움이 된다.
② 광대는 웃음을 유발한다.
③ 진통제를 사용하는 것은 효과적이다.
⑤ 환자는 유머러스한 사람이 되어야 한다.

Quick Check 정답 1 F 2 clown

1. 환자들은 광대가 가져온 아스피린을 복용함으로써 통증을 덜 느낀다.
2. 광대: 사람들을 웃기기 위해 이상한 옷을 입고 분장을 하는 배우

해설

1 글의 어디에도 환자들은 광대가 가져온 아스피린을 복용해서 통증을 덜 느낀다는 내용은 없으므로 F가 맞다.
2 사람들을 웃기기 위해 이상한 옷을 입고 분장을 하는 배우는 '광대'이므로 clown이 적절하다.

어휘

study	연구, 학문
clear	명확한; 치우다
link	관련성; 연결하다
laughter	웃음, 웃음소리
pain	통증, 고통
patient	환자; 참을성 있는
report	말한다, 전하다
decrease	감소; 감소하다
due to	~때문에
chemical	화학 물질
less	덜한, 더 적은
simply	단순히, 단지
laugh	웃다
reason	이유
agree	동의하다
opinion	의견
clown	광대
aspirin	아스피린
painkiller	진통제
effective	효과적인

02

정답 ④

기원전 350년 경, Apelles라는 이름의 아주 유명한 화가가 그리스에 살았다. 그는 시연에서 자신을 숨겨서, 그의 그림들에 대한 대중의 의견을 들을 수 있었다. 한 시연에서 한 구두장이가 그림에 있는 신발을 비판했다. Apelles는 그 신발을 다시 그리기 위해 열심히 작업했다. 그가 두 번째 시연을 가졌을 때, 구두장이는 그림 속 한 인물의 해부학적 구조를 비판하기 시작했다. Apelles는 구두장이가 해부학적 구조에 대해 어떤 것도 알지 못한다는 것을 알기 때문에 화가 났다. Apelles는 구두장이에게 그가 그림을 비판하기보다 그의 직업인 신발을 만드는 것을 해야 한다고 말해주고 싶었다. Apelles는 소리쳤다. "구두장이 양반, 당신이 하던 일이나 계속 하시지 그래!"

해설

바로 앞에서 Apelles가 화가 나서 구두장이에게 그는 그림을 비판하지 말고 그의 일을 해야 한다고 말하고 싶었다는 내용이 언급되었으므로 Apelles가 외친 'stick to your last'의 함축적 의미로 가장 적절한 것은 ④ keep doing what you do(네가 하는 일을 계속해라)이다.

① 나를 위해 마지막 막대기를 가져와라
② 나의 마지막 그림을 비판해 보아라
③ 신발을 만들기 위해 막대기를 사용해라
⑤ 그림을 더 잘 비판해라

Quick Check 정답 1 F 2 didn't like

1. Apelles는 구두장이가 해부학적 구조를 잘 알고 있다고 생각했다.
2. 구두장이는 Apelles의 그림 속 신발을 좋아하지 않았다.

해설

1 글의 후반부에 Apelles는 구두장이가 해부학적 구조를 잘 알고 있지 않다고 생각했다고 했으므로 F가 맞다.
2 구두장이는 Apelles의 그림 속 신발을 비판했으므로 '좋아하지 않았다'가 맞다.

어휘

B.C.	기원전
famous	유명한
hide(-hid-hidden)	숨기다, 숨다
preview	시연, 시사
public	대중
opinion	의견
painting	그림

criticize	비판하다
repaint	다시 그리다
character	인물, 캐릭터
mad	화가 난, 화난
stick to	~을 계속하다

UNIT 04 요지·주장 파악

본문 p.24

대표예제 정답 ⑤

훌륭한 외모는 장점이 될 수 있다. 그러나 당신의 부모님으로부터 물려받은 자신의 모습에 대해 불평을 해서는 안 된다. 대신에 아름다움은 오래 지속되지 않을 것이라는 것을 당신은 기억해야 한다. 그러므로 나중에 인생에서 성공하기 위해 자신의 능력을 계발하려고 노력해야 한다. 또한 더 나은 세상을 위해 당신이 할 수 있는 것에 집중해야 한다. 아름답지 않다고 걱정하는 것은 소용없는 일이다.

해설

아름다움은 오래 지속되지 않기 때문에 외모보다는 자신의 능력을 계발하는 데 노력을 해야 한다는 내용이므로, 필자의 주장으로 가장 적절한 것은 ⑤이다.

어휘

looks	외모
advantage	장점, 이점
complain	불평하다
appearance	모습, 외모
receive	받다
instead	대신에
last	지속되다
develop	개발하다
ability	능력
succeed	성공하다
focus on	집중하다
useless	소용없는

유형 연습하기 정답 01 ④ 02 ② 본문 p.26

01

정답 ④

당신의 아이들은 이번 여름을 어떻게 보낼 것인가? 해변에서 모래성을 쌓을 것인가? 여름 캠프에서 수영을 할 것인가? 교육에 관한 연구를 하다가, 나는 매 여름 방학 때마다 아이들이 두뇌 활용을 하지 않아 지능 지수가 떨어진다는 사실을 알게 되었다. 그러나 어떤 학생들에게, 그것은 사실이 아닌데 왜냐하면 그들의 부모님은 여름 방학 동안 그들이 책을 읽도록 하기 때문이다. 그러나 다른 아이들은 여름 방학 때마다 그들의 읽기 수준이 두 달씩 뒤처진다. 많은 연구는 한 가지 중요한 교훈을 시사한다. 즉, 아이들이 (책을) 읽게 하라.

해설

여름 방학 때 마다 공부를 하지 않거나 두뇌 활용을 하지 않아 지능 지수가 떨어지는 학생들이 있지만, 부모가 책을 읽히는 학생들은 그렇지 않다는 필자의 연구 결과 여름 방학 동안 책을 읽게 해야 한다는 필자의 주장으로 가장 적절한 것은 ④이다.

Quick Check 정답 1 research 2 T

1. 연구: 무언가를 공부하고 그것에 대한 사실을 발견하려고 애쓰는 것을 포함하는 일
2. 여름 방학 동안 책을 읽지 않는 아이들은 읽기 수준이 두 달 뒤쳐진다.

해설

1 무언가를 공부하고 그것에 대한 사실을 발견하려고 애쓰는 일은 '연구'이므로 research가 적절하다.
2 글의 후반부에 여름 방학 동안 책을 읽지 않는 아이들이 읽기 수준이 두 달씩 뒤쳐진다고 했으므로 T가 맞다.

어휘

spend	(시간을) 보내다, 쓰다
sandcastle	모래성
beach	해변
education	교육
learn	배우다
drop	떨어지다; 방울, 하락
vacation	방학, 휴가
brain	두뇌
true	사실인
parents	부모
fall behind	뒤처지다
break	방학, 휴가; 부수다, 깨다
research	연구; 연구하다
suggest	시사하다, 제안하다
lesson	교훈

02

정답 ②

Old Hawk는 키가 크고 오래된 그 미루나무를 가리켰다. 그 나무는 너무나 커서 성인 남자도 두 팔로 그 둘레를 감쌀 수 없었다. "이 나무는 평생 우리 가족을 지켜 왔어요. 나는 이 나무를 볼 때마다 나무로부터 나오는 힘을 느낄 수 있어요. 하지만 강한 것이 항상 좋은 것만은 아니에요."라고 그는 말했다. "그 말은 믿기 어렵네요."라고 Jeremy는 말했다. "그렇다면 저 벚나무들을 봐요." Old Hawk는 말했다. "그것들은 작고 연약해요. 하지만 당신이 어린아이였을 때 그것들은 가지 하나 잃지 않으며 폭풍우에 살아남았어요. 하지만 이 오래된 미루나무는 몇 개의 가지를 잃었어요. 그것은 폭풍우에 강하게 서 있었지만, 벚나무들이 하듯이 바람이 부는 대로 구부릴 수 없었어요."

해설

크고 힘이 느껴지는 미루나무가 폭풍우에 강하게 맞서긴 했지만, 작고 연약한 벚나무들처럼 바람이 부는 대로 몸을 구부리지 못해서 여러 개의 가지를 잃어버린 내용이므로, 글의 요지로 가장 적절한 것은 ②이다.

Quick Check 정답 1 F 2 weak

1. 미루나무는 가지 하나 잃지 않으며 폭풍우에 강하게 서 있었다.
2. 벚나무들은 약하지만, 폭풍우에 살아남았다.

해설

1 가지 하나 잃지 않으며 폭풍우에 강하게 서 있었던 것은 벚나무이므로 F가 맞다.

2 글의 중반부에 벚나무들은 약하지만, 폭풍우에 살아남았다고 했으므로 weak가 적절하다.

어휘

point at	가리키다
cottonwood	미루나무
since	~여서, ~때문에
grown man	성인 남자
watch over	~을 지키다
all one's life	평생 (동안)
strength	힘
every time	~할 때마다
yet	그러나
chokecherry	벚나무
survive	살아남다
without	~없이
several	몇 개의
bend	구부리다
like	~처럼

UNIT 05 주제 파악

본문 p.28

대표예제 정답 ①

학생들은 단어를 공부하는 데 많은 시간을 보내야 한다. 학습은 단어에 기초한다. 그것들은 글에서 의미를 쌓는 열쇠이다. 우리는 아이디어를 생각해 내고 표현하기 위해 그것들을 필요로 한다. 높은 어휘력을 지닌 학생들은 더 낮은 어휘력을 지닌 학습자들보다 평가에서 더 높은 점수를 얻는다. 또한, 단어들은 개념의 지식과 직접적으로 관련되어 있기 때문에, 많은 단어들을 아는 것은 학교에서 학생들이 더 높은 점수를 달성할 수 있게 해준다. 따라서 단어들을 학습하는 것은 필요하다.

해설

풍부한 어휘력이 주는 장점을 설명함으로써 단어 학습의 필요성을 말하고 있으므로, 이 글의 주제로 가장 적절한 것은 ① the necessity of learning words(단어 학습의 필요성)이다.

② 표준어의 사용
③ 단어 시험을 잘 보는 방법
④ 도움을 주는 학습 환경
⑤ 당신의 단어를 신중히 선택하기

어휘

spend 시간 -ing	~하는 시간을 보내다
be based on	~에 기초하다
express	표현하다
vocabulary	어휘
directly	직접적으로
related	관련된
knowledge	지식
concept	개념
achieve	성취하다
standard	표준의
environment	환경
carefully	신중히

유형 연습하기 정답 01 ③ 02 ⑤ 본문 p.30

01 정답 ③

따뜻한 지역 사람들은 추운 지역의 사람들보다 손짓을 더 많이 사용하는 경향이 있다. 그래서 남부 지방 사람들은 북부 지방 사람들보다 더 많은 몸짓을 한다. 이러한 문화적 차이는 간단히 설명될 수 있다. 손은 몸짓에 주된 공급원이다. 극단적으로 추운 기후에서 사람은 말하는 동안 코트 주머니에 손을 자주 넣는다. 반면에 더 따뜻한 기후에서는 이렇게 해야 할 필요가 없다. 그녀는(사람은) 자신의 메시지를 정확하게 전달하기 위해 손을 자유롭게 사용할 수 있다.

해설

따뜻한 지역 사람들이 추운 지역 사람들보다 더 많은 손짓을 사용한다는 것이 글의 주된 내용이므로, 이 글의 주제로 가장 적절한 것은 ③ the effects of climate on regional gestures(기후가 지역별 몸짓에 미치는 영향)이다.

① 의복의 계절적 변화
② 의사소통 수단으로서 표정의 역할
④ 비언어적인 의사소통의 다양한 방법
⑤ 문화적인 차이에서 오는 성격의 차이

Quick Check 정답 1 hand gesture 2 F

1. 손짓: 감정을 보여주기 위해 손을 사용해서 만드는 움직임
2. 북부 지역 사람들은 그들의 이야기를 자유롭게 표현하고 싶어서 손짓을 자주 한다.

해설

1 감정을 보여주기 위해 손을 사용해서 만드는 움직임은 '손짓'이므로 hand gesture가 적절하다.

2 글의 어디에도 북부 지역 사람들은 그들의 이야기를 자유롭게 표현하고 싶어서 손짓을 자주 한다는 내용은 없으므로 F가 맞다.

어휘

region	지역, 지방
tend to	~하는 경향이 있다
gesture	몸짓, 손짓; 손짓을 사용하다
southern	남부의
country	지방, 국가
northern	북부의
cultural	문화적인
difference	차이
explain	설명하다
extremely	극단적인, 극도의
climate	기후
freely	자유롭게
correctly	정확하게
effect	영향
regional	지역의

02

정답 ⑤

당신은 회의에 참석하고 있다. 당신은 한 주제에 대해 질문을 했는데 대답이 만족스럽지 못하다. 무엇이 최고의 반응이겠는가? 아무 말도 하지 않는 것이다. 그러므로 당신이 더 많은 정보나 다른 종류의 정보를 찾고 있다면, 침묵해라. 대화에 긴 멈춤이 있으면 사람들은 그것을 채워야 한다는 강한 필요를 느낀다. 누군가가 말하는 것을 끝냈고, 당신이 그것에 대해 더 말하지 않는다면, 그 사람은 더 상세히 설명하기 시작할 것이다. 결국 그들은 당신이 듣고 싶은 것을 말할지 모른다.

해설

회의에서 상대방으로부터 만족스러운 답변을 얻기 위해서는 침묵을 지키는 것이 좋다는 내용의 글이다. 따라서 글의 주제로 가장 적절한 것은 ⑤ the power of keeping silent for a good answer(만족스러운 답변을 얻기 위한 침묵의 힘)이다.

① 대화 예절의 중요성 ② 대화를 통한 창의적 사고
③ 바람직한 대화를 위한 바른 행동의 필요성 ④ 미팅에서 주최자의 중요성

Quick Check 정답 1 keep silent 2 F

1. 네가 원하는 답을 얻기 위해서, 너는 대화에서 침묵해야 한다.
2. 네가 회의에서 대답이 만족스럽지 않을 때, 상대에게 상세히 설명해 달라고 요청해라.

해설

1 원하는 답을 얻기 위해 침묵의 효용성을 알려주고 있으므로 keep silent가 적절하다.

2 글의 전반적인 내용에서 만족스러운 답을 얻기 위해 침묵을 사용하라는 내용이므로 상대에게 설명해 달라고 요청하는 것은 맞지 않으므로 F가 맞다.

어휘

question	질문
subject	주제
answer	대답, 답변
satisfying	만족스러운, 만족시키는
response	반응
information	정보
silent	침묵하는
pause	잠시 멈춤
conversation	대화
fill	채우다
explain	설명하다
in detail	상세히
eventually	결국
creative	창의적인
host	주최자

UNIT 06 제목 파악

본문 p.32

대표예제 정답 ③

때때로 당신은 시험 보는 날에 대해 너무나 불안하고 걱정이 된다. 당신은 심지어 학교에 가고 싶지 않다. 이러한 감정의 유형들은 당신의 힘든 노력을 지워버릴 수 있다. 하지만 여기 그 공황 상태를 통제하는 몇 가지 방법들이 있다. 큰 시험 전에 숙면을 취해라. 당일에 건강에 좋은 아침 식사를 하되 카페인은 피해라. 평화롭고 긍정적인 것들을 생각해라. 만약 이러한 유용한 습관이 몸에 배면, 시험 보기가 훨씬 쉬워질 수 있다.

해설

시험에 대한 불안을 극복하는 방법들을 제시하는 것이 이 글의 주요 내용이므로, 이 글의 제목으로 가장 적절한 것은 ③ How to Overcome Test Anxiety(시험 걱정을 극복하는 방법)이다.

① 당신의 성적에 대해 핑계대지 마세요
② 당신의 건강을 더 잘 돌보세요
④ 시험 결과에 대해 걱정하지 마세요
⑤ 불안: 당신의 건강의 적

어휘

feel like -ing	~하고 싶다
erase	지우다
keep ~ under control	~를 통제하다
panic	공황, 극심한 공포
avoid	피하다
positive	긍정적인
pick up	몸에 붙게(배게)하다
excuse	변명(하다)
overcome	극복하다
anxiety	불안, 걱정
enemy	적

유형 연습하기

정답 01 ⑤ 02 ④

본문 p.34

01

정답 ⑤

만일 여러분이 판타지 소설에 관심을 가지고 있다면, 아마도 여러분은 J. R. R. Tolkein과 C. S. Lewis라는 두 명의 위대한 작가의 이름을 알지도 모른다. Tolkein은『반지의 제왕』의 작가이고, Lewis는『나니아 연대기』의 작가이다. 그러나 단지 몇몇 독자들만이 그들 사이의 우정과 서로 주고받은 영향에 관해 알고 있다. Lewis 덕분에 Tolkein은 그의 위대한 소설을 끝낼 수 있었다. 마찬가지로, Tolkein과 그의 작품들은 Lewis가 자신의 판타지 세계인 Narnia를 창조해 낼 수 있게 도왔다. 그들의 우정은 1963년 Lewis가 죽을 때까지 계속되었다.

해설

J. R. R. Tolkein과 C. S. Lewis라는 두 명의 위대한 작가들과 그들 사이의 우정과 영향에 관한 내용으로, 이 글의 제목으로 가장 적절한 것은 ⑤ The Friendship Between Two Great Authors(두 위대한 작가들 간의 우정)이다.

① 판타지 소설의 기원 ② 판타지 세계의 경이로움
③ 유명한 소설에 바탕을 둔 영화 ④ 작가 상상력의 중요성

Quick Check 정답 1 F 2 friendship

1. Lewis는 1963년에 그의 판타지 세계인 나니아를 창조했다.
2. 우정: 둘 또는 더 많은 친구들 사이에 관계

해설

1 글의 후반부에 Lewis는 나니아를 창조했지만, 1963년은 그가 죽은 년도이므로 F가 맞다.
2 둘 또는 더 많은 친구들 사이에 관계는 '우정'이므로 friendship이 적절하다.

어휘

fantasy	판타지, 공상
novel	소설
may	~일지도 모른다
author	작가, 저자
chronicle	연대기(年代記)
a few	몇몇(의)
friendship	우정
influence	영향(력)
thanks to	~ 덕분에, ~ 덕택에
complete	끝내다, 완성하다
likewise	마찬가지로
continue	계속되다
origin	기원
imagination	상상력

02

정답 ④

나의 세미나 수업의 대학생들은 둥글게 둘러앉았다. 각각의 학생은 다른 학생들에게 자신들의 이름을 말했다. 소개가 끝난 후에 나는 학생들에게 다른 학생들의 이름을 적으라고 요청했다. 거의 모든 경우에 학생들은 그들로부터 멀리 떨어져 앉은 학생들의 이름을 적었다. 그러나 놀랍게도, 그들은 지신들과 가까이에 앉은 학생들의 이름을 기억할 수가 없었다. 그 이유는 무엇이었을까? 이는 그들이 전체 무리에게 그들 자신을 소개해야 했던 직전과 직후에 그들이 사회적인 불안감을 가졌기 때문이었다.

해설

세미나에서 둥글게 앉아서 자신들의 이름을 소개할 때 가까이에 앉은 학생들의 이름은 기억하지 못하고 멀리 앉은 학생들의 이름을 더 많이 기억하는 이유가 자기를 소개하기 직전과 직후에 겪는 불안감 때문이라는 내용의 글이다. 따라서 이 글의 제목으로 가장 적절한 것은 ④ Nervousness and Its Effects on Memory(초조함과 그것이 기억력에 미치는 영향)이다.

① 초조함을 다스리는 방법 ② 기억력 향상을 위한 유용한 전략
③ 흔하지 않은 이름을 기억하는 방법 ⑤ 관계 개선을 위한 좌석 배치

Quick Check 정답 1 F 2 far away from

1. 학생들은 오직 특이한 이름만 적을 수 있었다.
2. 대부분의 학생들은 그들로부터 멀리 떨어진 곳에 앉아 있는 학생들의 이름을 기억할 수 있었다.

해설

1 글의 어디에도 학생들이 오직 특이한 이름만 적을 수 있었다는 내용은 없으므로 F가 맞다.
2 글의 중반부에 학생들은 그들로부터 멀리 떨어져 앉은 학생들의 이름을 적을 수가 있었다고 했으므로 far away from이 맞다.

어휘

in a circle	둥글게
introduction	소개, 도입
surprisingly	놀랍게도
recall	기억해 내다, 상기하다
social	사회적인, 사회의
anxiety	불안감, 걱정
immediately	즉시, 바로
entire	전체의

handle	다스리다, 처리하다
nervousness	초조함, 신경과민
uncommon	흔하지 않은
effect	영향, 효과
seating	좌석, 자리
arrangement	배치, 준비, 마련
relation	관계, 친척

UNIT 07 도표 정보 파악

본문 p.36

대표예제 정답 ⑤

위의 도표는 평균적인 한국인이 2008년에서 2018년 사이에 얼마나 많은 쌀을 먹었는지를 보여 준다. 그 기간 동안 한국에서 1인당 연간 쌀 소비량은 20kg 이상 떨어졌다. 한국의 연간 쌀 소비량 감소는 2013년에서 2018년 사이보다 2008년에서 2013년 사이에 더 컸다. 2015년 연간 1인당 쌀 소비량은 80.7kg이었다. 평균적인 한국인은 2017년보다 2016년에 더 많은 쌀을 먹었다. 한국에서 1인당 소비된 쌀의 양은 2018(→ 2008)년에 최고에 이르렀다.

해설

한국인이 1인당 소비한 쌀의 양은 2008년에 최고였으므로 ⑤가 도표의 내용과 일치하지 않는다.

어휘

average	보통의
annual	1년의, 1년을 단위로
consumption	소비
drop	떨어지다
during	~ 동안
period	기간, 시기
decrease	감소
amount	양
peak	산꼭대기; 절정, 최고점

유형 연습하기 정답 01 ④ 02 ③ 본문 p.38

01 정답 ④

위 도표는 미국에서 1950년부터 2020년까지 여자아이들의 꽃 이름의 인기 순위를 보여준다. 꽃 이름의 인기는 1950년부터 1980년까지 감소했다. Rose라는 이름은 1950년에 가장 높은 순위를 차지했고 2020년에 최하위였다. Lily는 1980년부터 다시 인기를 얻었고 2020년에 가장 높은 순위에 도달했다. 2000년에 Violet을(→ Violet, Iris, Lily를) 제외한 모든 이름들이 400등보다 더 높은 순위를 차지했다. 2010년에 Iris는 Daisy보다 더 낮은 순위를 차지했다.

해설

2000년에 Iris와 Lily도 400등보다 낮은 순위에 있었으므로 ④가 도표의 내용과 일치하지 않는다.

Quick Check 정답 1 popularity 2 lowest, highest

1. 인기: 다수의 사람들에게 호감을 받은 상태
2. Rose는 2020년에 최하위였고 반면 릴리는 2020년에 최상위에 도달했다.

해설

1 다수의 사람들에게 호감을 받은 상태를 뜻하는 것은 '인기'이므로 popularity가 적절하다.

2 도표를 참조하면 2020년에 Rose가 최하위였고 Lily는 가장 높은 순위에 도달했음을 확인할 수 있으므로 차례로 lowest와 highest가 맞다.

어휘

above	위
graph	도표
popularity	인기
during	~ 동안
decrease	감소하다
rank	차지하다; 순위
highest	가장 높은
lowest	최하의, 최저의
popular	인기 있는
reach	도달하다
except	~을 제외하고
than	~보다
lower	더 낮은

02 정답 ③

상기의 도표는 1985년에서 2021년 사이에 3세에서 19세의 연령에 해당하는 인구의 연령 집단별 취학률의 변화를 보여준다. 모든 연령 집단의 취학률은 2021년에는 50% 이상이었다. 모든 연령 집단 가운데 7세에서 13세 사이의 연령층의 취학률은 전체 기간 동안 가장 높았다. 모든 연령 집단 가운데 5세에서 6세(→ 3세에서 4세) 사이의 어린이들의 취학률은 1985년에서 2021년 사이에 계속 증가했다. 14세에서 17세 사이의 연령층에서, 1995년에서 2005년까지의 취학률 변화는 18세에서 19세 사이의 연령층보다 더 적었다. 3세에서 4세 사이의 어린이들의 취학률은 매년 가장 낮다.

해설

1985년에 2021년 사이에 취학률의 증가율이 가장 높은 것은 3세에서 4세에 걸친 어린아이들로 거의 20%에서 50%까지 두 배가 넘는 증가율을 보였다. 따라서 5세에서 6세의 어린아이들의 취학률 증가(90% 이상으로 거의 변화가 없음)가 가장 높다는 ③이 도표의 내용과 일치하지 않는다.

Quick Check 정답 1 population 2 highest, lowest

1. 인구: 한 나라 또는 한 지역에 사는 모든 사람들
2. 1970년부터 2006년까지, 7세에서 13세 사이의 연령층의 취학률은 가장 높았고 3세에서 4세 사이의 어린이들의 취학률은 가장 낮았다.

해설

1 한 지역에 사는 모든 사람들을 뜻하는 것은 '인구'이므로 population이 적절하다.

2 1970년부터 2006년까지, 7세에서 13세 사이의 연령층의 취학률은 가장 높았고 3세에서 4세 사이의 어린이들의 취학률은 가장 낮은 것을 도표에서 확인할 수 있으므로 차례로 highest 와 lowest가 맞다.

어휘

graph	도표
change	변화; 바꾸다
enrollment	등록
rate	비율
population	인구
age group	연령 집단
youth	어린이, 청년
high	높은
during	~ 동안
entire	전체의
keep -ing	계속 ~하다
increase	증가하다
low	낮은 (lowest 가장 낮은)
each year	매년

UNIT 08 세부 내용 파악

본문 p.40

대표예제

정답 ⑤

호주에서 John Cann은 그의 가족 사업을 물려받았다. 바로 파충류 쇼이다. 그의 부모는 1919년 그들의 뱀 서커스를 시작했다. Cann의 어머니는 뱀에게 물린 이집트의 여왕의 이름인 Cleopatra라고 불렸다. 부모 모두는 자신들의 일을 잘 했고, 건강한 상태로 은퇴했다. 그들의 아들은 뱀과 함께한 그의 평생 동안의 경험을 잘 활용했다. 그는 지금 호주 박물관에 파충류에 대한 조언을 하고 있다. 그의 목표는 관객들을 재미있게 하는 것뿐만 아니라 이 파충류의 가치에 대해 교육하는 것이다.

해설

글의 후반부에 John Can은 박물관에서 조언을 하고 있을 뿐 박물관을 설립한 정보는 제시되지 않으므로, 글의 내용과 일치하지 않는 것은 ⑤이다.

어휘

reptile	파충류
bite(bit-bitten)	물다
be good at	~을 잘하다
profession	일, 직업
retire	은퇴하다
make use of	활용하다
lifelong	평생의
entertain	즐겁게 해 주다
advise	조언하다
educate	교육하다
audience	관객들, 청중
value	가치

유형 연습하기

정답 01 ⑤ 02 ④

본문 p.42

01

정답 ⑤

Moringa는 5미터에서 12미터까지 자라는 식물이다. 그것은 우산 모양의 꼭대기와 곧은 줄기를 가지고 있다. 비록 열대 기후 지역이 원산지이지만, 이 나무는 세계의 거의 어느 지역에서도 생존할 수 있다. 이 나무에서 나온 흰 꽃은 길고 가느다란 모양의 꼬투리로 자란다. 열매(꼬투리)는 처음에 연녹색이지만 결국 진녹색이 된다. Moringa는 많은 비타민과 미네랄을 함유하고 있다. 말린 Moringa 잎의 분말은 우유보다 17배 더 많은 칼슘, 요구르트보다 9배 더 많은 단백질, 시금치보다 25배 더 많은 철분을 가지고 있다.

해설

글의 후반부에 말린 Moringa 잎의 분말에는 우유보다 칼슘이 17배 많다고 언급되었으므로 글의 내용과 일치하는 것은 ⑤이다.

Quick Check 정답 1 can 2 1) light green, dark green 2) calcium, protein, iron

1. Moringa는 열대 기후 지역이 원산지이지만, 어디에서나 살아남을 수 있다.
2. 1) 색: Moringa 꼬투리의 색은 연녹색에서 진녹색으로 변한다.
   2) 영양: 말린 Moringa 잎 가루는 많은 칼슘, 단백질과 철분을 함유한다.

해설

1 1) Moringa의 꼬투리 색은 연녹색에서 진녹색으로 변하므로 차례로 light green과 dark green이 맞다.
  2) 말린 Moringa잎 가루는 많은 칼슘, 단백질과 철분을 함유하므로 차례로 calcium, protein, iron이 맞다.

2 Moringa는 열대 기후 지역이 원산지 이지만, 어디에서나 살아남을 수 있으므로 can이 맞다.

어휘

shaped	~의 모양[형태]의
crown	왕관
straight	곧은; 똑바로
trunk	줄기, (나무) 몸통, 코끼리 코
native	원산지인; 원주민
tropical	열대의
climate	기후
survive	생존하다
narrow	좁은, 아슬아슬한; 좁히다
eventually	나중에는, 결국
contain	함유하다, 포함하다
powder	분말, 가루
protein	단백질
iron	철분
spinach	시금치

02

정답 ④

Protogenes는 고대 그리스의 화가였다. 그는 Caunus에서 태어났지만, 그의 삶 대부분을 Rhodes에서 살았다. 그의 그림에 대한 몇 가지 이야기들이 있다. 'Ialysus'와 'Satyr'는 그의 작품 중에서 가장 유명했다. Protogenes는 'Ialysus'를 그리는 데 대략 7년을 보냈다. 그 그림은 적어도 200년 동안 Rhodes에 남아 있었고 이후에 그것은 로마로 옮겨졌다. Protogenes는 Demetrius Poliorcetes가 Rhodes를 공격할 때 'Satyr'를 작업했다. 그는 'Satyr'를 정원에서 그렸는데 흥미롭게도 그곳은 적의 진지 한가운데에 있었다. Protogenes는 'Satyr'가 완성되었을 때 약 70세였다.

해설

글의 후반부에 Protogenes는 'Satyr'를 정원에서 그렸는데 흥미롭게도 그것은 적의 진지 한가운데에 있었다고 언급되었으므로 글의 내용과 일치하는 것은 ④이다.

Quick Check 정답 1 attack 2 F

1. 공격: 누군가를 다치게 하거나 무언가를 파괴하는 폭력적인 행위
2. 'Ialysus'는 Rhodes로 다시 옮겨지기 전까지 로마에서 적어도 200년 이상 남아 있었다.

해설

1 누군가를 다치게 하거나 무언가를 파괴하는 폭력적인 행위는 '공격'이므로 attack이 적절하다.
2 글의 중반부에 'Ialysus'는 적어도 200년 동안 Rhodes에 남아 있은 다음에 로마로 옮겨졌다고 했으므로 F가 맞다.

어휘

ancient	고대의, 아주 오래된
Greek	그리스인, 그리스어
painting	그림, 화법
famous	유명한
among	~ 중에서
work	작품, 일
remain	남아 있다, 계속 ~이다
at least	적어도
during	~ 때, ~ 동안
attack	공격
interestingly	흥미롭게도
in the middle	가운데에
enemy	적
camp	진지, 야영지

UNIT 09 실용문

본문 p.44

대표예제

정답 ⑤

Kings Park에 오신 것을 환영합니다!
즐길 것들
– 매일 오전 9시, 낮 12시, 오후 3시에 무료로 안내를 받으며 산책하세요.
– 가족 공간과 어린이 친화적인 카페를 방문하세요.
– 피크닉과 바비큐 파티를 위한 가족 모임을 가지세요.
– 여름에는 야외 콘서트 또는 영화를 즐기세요.
Kings Park는 매일 24시간 개방됩니다.
도심에서 Kings Park까지 무료 셔틀 버스를 운행합니다.
정보와 안내책자들은 매일 오전 8시부터 오후 4시까지 방문객 안내 센터나 www.thekingspark.org에서 이용 가능합니다.
즐거운 방문이 되시기를 바랍니다!

해설

글의 후반부에 안내 센터는 매일 이용 가능하므로 안내문의 내용과 일치하지 않는 것은 ⑤이다.

어휘

free	무료의, 자유의, ~이 없는
guided	가이드가 안내하는
area	공간, 지역, 부위
child-friendly	어린이 친화적인
gathering	모임
outdoor	야외의
shuttle bus	셔틀버스, 왕복 버스
brochure	안내책자
available	이용 가능한

유형 연습하기

정답 01 ④ 02 ⑤ 본문 p.46

01

정답 ④

포스터 콘테스트
2020 과학 영화제를 위한 포스터를 디자인하세요.

대회는 모든 사람들에게 열려 있습니다.
참가 방법:
출품작은 8.5″ x 11″ 사이즈의 용지에 보내야 합니다.
포스터에는 어떤 글자도 포함해서는 안 됩니다.
여러 개의 출품작이 받아들여집니다.
시상:
1등 수상자: 썬플라워 태블릿
2등 수상자들: 썬플라워 무선 헤드폰
마감일: 2020년 11월 20일, 금요일
더 많은 정보를 찾으려면 www.sciencefilm.org/postercontest를 방문하세요.

해설

글의 중반부에 여러 개의 출품작이 허용된다고 했으므로 안내문의 내용과 일치하는 것은 ④이다.

Quick Check 정답 1 multiple 2 F

1. 여러 개의: 많은 용도를 가지고 있는
2. 정확한 마감일을 문의하려면 사무실을 방문해야 합니다.

해설

1 많은 용도를 가지고 있는 것은 '여러 개의'와 같은 뜻이므로 multiple이 적절하다.
2 글의 후반부에 마감일은 2020년 11월 20일 금요일이므로 F가 맞다.

어휘

contest	콘테스트, 대회
design	디자인하다, 설계하다
film	영화, 필름
festival	축제
competition	대회, 경쟁
enter	참가하다, 들어가다
entry	출품작, 입장
submit	제출하다
include	포함하다
multiple	여러 개의, 다수의
accept	허용하다, 받아들이다
prize	(시)상
deadline	마감일

02 정답 ⑤

하모니 청년 관현악단 2021 시즌 오디션
오디션 일정: 2020년 12월 16일부터 20일까지
여러분이 하모니의 지휘자 밑에서 훌륭한 음악 연주에 참여하고 싶다면 하모니 청년 관현악단은 여러분을 위한 것입니다.
여러분은 반드시…
• 현재 중학생이나 고등학생이어야 합니다.
• 11월 30일까지 오디션 지원서를 작성해서 그것을 추천서와 같이 보내셔야 합니다.

여러분은 ...
• 오디션 날 10일 전에 여러분의 오디션 시간과 장소가 적힌 이메일을 받으실 겁니다.
• 오디션 후 일주일 정도 지나서 이메일로 최종 결과들을 받으실 겁니다.

해설

글의 후반부에 최종 결과는 이메일로 받을 것이라고 했으므로 안내문의 내용과 일치하지 않는 것은 ⑤이다.

Quick Check 정답 1 F 2 audition

1. 당신은 11월 30일까지 추천서를 받아야만 합니다.
2. 오디션: 연극, 영화 또는 오케스트라에 참여하기 위해 배우나 댄서 또는 음악가에 의한 짧은 공연

해설

1 글의 중반에 추천서를 받아야만 하는 것은 맞으나 11월 30일까지 작성한 오디션 지원서와 추천서를 같이 보내야 하는 것이므로 F가 맞다.
2 공연하는 사람이 공연에 참가하기 위해 하는 짧은 공연을 '오디션'이라고 하므로 audition이 적절하다.

어휘

orchestra	관현악단
audition	오디션
participate in	~에 참여하다
performance	연주, 공연
conductor	지휘자
middle school	중학교
high school	고등학교
fill in	작성하다
recommendation	추천서
final	최종의, 마지막의
result	결과

UNIT 10 어법 정확성 파악

본문 p.48

대표예제 정답 ④

내 친구 Jimmy는 Los Angeles시에 대하여 불평하곤 했는데, 그곳에서 그는 대학에서 공부하면서 2년 동안 살았다. 그는 돌아다니며 도시를 보고 싶었지만, 교통과 높은 물가 때문에 그렇게 할 수 없었다. Jimmy는 만약 그가 다른 도시로 이사를 갈 수 있다면 생활이 훨씬 더 좋을 것이라고 생각했다. 자신의 학업을 마치고 학위를 취득한 후, Jimmy는 Boulder로 이사했다. 하지만, 그는 추운 날씨에 대해 다시 불평하기 시작했다. 그는 Los Angeles의 화창한 날씨와 흥미로운 생활로부터 떠나온 것을 후회했다.

해설

④ after 다음에 finishing과 등위접속사 and로 연결되어 병렬 구조를 이루고 있으므로, received를 receiving으로 고쳐야 한다.
① 「used to 동사원형」은 '~하곤 했다'는 과거의 습관을 뜻하므로 적절하다.
② 「because of + (동)명사 (어구)」이므로 적절하다. (「because 주어 + 동사」)
③ 비교급 better를 강조하는 말로 much는 옳다.
⑤ '흥미로운' 생활이라는 의미로 사물을 수식하는 감정 분사 exciting은 적절하다.

어휘

used to	~하곤 했다
complain	불평하다
go around and see	곳곳을 돌아보다
traffic	교통
high price	높은 물가
degree	학위
regret	후회하다
lifestyle	생활

유형 연습하기 정답 01 ① 02 ④ 본문 p.50

01

정답 ①

우리는 목화, 양모, 금속 등과 같은 많은 천연자원을 사용한다. 그것들은 식물이나 동물에서부터 나오거나, 땅에서 캐내진다. 천연자원을 대체해서, 우리는 플라스틱을 옷, 자동차 부품, 많은 물건들을 만들어 내기 위해 사용한다. 플라스틱은 합성 물질인데, 이것은 플라스틱이 공장들에서 화학 물질로부터 만들어진다는 것을 의미한다. 플라스틱의 중요한 성질은 모양을 만들기가 수월하다는 점이다. 사람들은 플라스틱으로 모든 종류의 물건들을 만들 수 있다.

해설

(A) 문맥상 '천연자원은 땅에서 채굴 된다'라는 의미가 되어야 하며 선택지는 앞에 be 동사와 함께 수동태를 이루어야 하므로 과거분사 dug가 적절하다.
(B) which means 뒤에는 명사절 접속사가 와야 하며, 선택지 뒤 문장 구조가 완전한 문장을 이루기 때문에 접속사 that이 적절하다.
(C) An important quality of plastics가 주어이며 문장의 동사는 An important quality가 단수이므로 is가 적절하다.

Quick Check 정답 1 F 2 natural materials, plastics

1. 목화, 양모, 플라스틱은 천연자원들이다.
2. 우리는 식물, 동물이나 땅에서 천연자원을 얻는다, 하지만 우리는 공장에서 플라스틱을 얻는다.

해설

1 글의 전반부에서 목화와 양모는 천연자원이라 언급하지만, 글의 중반부에서 플라스틱은 합성물질이라고 언급하므로 F가 맞다.
2 우리가 식물이나 동물 또는 땅에서 얻는 것은 천원자원이지만, 공장에서 얻는 것은 플라스틱이다.

어휘

material	자원, 재료
cotton	솜, 면화
wool	양모
metal	금속
dig(-dug-dug)	땅[구멍]을 파다
in place of	~ 대신에
clothes	옷
synthetic	합성의, 인공의
be made from	~로부터 만들어지다
chemical	화학 물질
factory	공장
important	중요한
quality	특질, 특성
all kinds of	모든 종류의
object	물건

02

정답 ④

가까운 거리로 이사하는 것은 매우 쉽게 보인다. 그래서 당신은 거의 노력하지 않고 즉시 그것을 할 수 있다고 생각할지 모른다. 당신은 또한 이삿짐 회사의 도움이 필요하지 않다고 생각할 수도 있기에 대신 자신의 차를 사용하기로 결정할 수도 있다. 그런데 당신이 틀릴 수도 있다. 당신은 아마도 당신이 실제 가지고 있는 것만큼 많은 물건들을 가지고 있지 않다고 생각할 것이다. 당신은 그 물건들을 운반하기에 자신의 차가 너무 작다는 것을 뒤늦게 깨달을 수도 있다. 그래서 당신은 당신의 새집까지 훨씬 더 많은 이동이 필요하다. 또한 당신의 물건을 훼손시킬 우려도 있다. 이러한 모든 것들을 고려해 본다면, 이삿짐 회사의 서비스를 요청하는 것이 더 낫다.

해설

④ damage는 전치사 of의 목적어 역할을 하면서 your things를 목적어로 가질 수 있는 동명사 damaging으로 바꾸어야 한다.
① 셀 수 없는 명사인 effort를 수식하며 '거의 없는'의 의미인 수량형용사 little은 적절하다.
② 앞의 일반 동사 have를 대신 받는 동사인 do가 사용되어 적절하다.
③ 동사인 found out을 수식하는 late는 부사로 사용되었기에 late를 수식하는 다른 부사인 too가 적절하다.
⑤ 부사절의 주어가 all these thing이므로 능동적이 아니라 수동태 「be + p.p.」의 형태인 considered가 적절하다.

Quick Check 정답 1 Little Effort 2 F

1. 적은 노력으로 가까운 거리를 이사하는 방법
2. 친구들에게 여러분이 이사하는 것을 도와달라고 요청하는 것은 좋은 생각이 될 수 있다.

해설

1 가까운 거리를 이사할 때 고려해야 할 사항에 관한 내용으로 제목은 '적은 노력으로 가까운 거리를 이사하기'이므로 Little Effort가 적절하다.
2 글의 어디에도 이사할 때 친구들의 도움을 요청하라는 내용은 없으므로 F가 맞다.

(어휘)

move	이사하다, 움직이다
distance	거리
therefore	그래서, 그러므로
little	적은, 거의 없는
effort	노력
moving company	이삿짐 회사
decide	결정하다
own	자신의; 소유하다
instead	대신에
find out	깨닫다, 알아내다
carry	나르다, 운반하다, 지니다
risk	우려, 위험
damage	훼손하다; 손상
consider	고려하다

UNIT 11 어휘 적절성 파악

본문 p.52

대 표 예 제 정답 ④

만약 당신의 아이들이 문제 있는 사생활을 가진 유명 인사를 모방한다면, 당신은 어떻게 느낄 것인가? 당신은 그들의 사적인 삶이 당신의 아이들에게 영향을 줄까 봐 걱정할 것이다. 이것은 당신이 유명 인사들이 모든 면에서 아이들에게 역할 모델이 되어야 한다고 믿기 때문이다. 그러나 걱정하지 마라! 당신의 아이들은 그들의 사적인 행동이 아니라, 그저 유명 인사들이 전문가로서 하는 일을 따라 하고 싶어할 뿐이다. 그들은 자신의 영역에서 뛰어난 기량을 가진 것을 제외하면 특별한(→ 평범한) 사람일 뿐이다. 그러므로 당신은 그들이 모든 면에서 완벽하기를 기대하면 안 된다.

(해설)

유명 인사는 자신들의 영역에서만 뛰어나고 나머지 부분에서는 평범한 사람이라는 의미이기 때문에, ④ uncommon(특별한)을 common(평범한)과 같은 단어로 고치는 것이 적절하다.

(어휘)

imitate	모방하다
celebrity	유명 인사
troubled	문제가 있는
private	개인적인
personal	사적인, 개인의
affect	영향을 주다
performance	일
professional	전문가
behavior	행동
uncommon	특별한
except for	~를 제외하고
expect	기대하다

유형 연습하기

정답 01 ④ 02 ⑤ 본문 p.54

01

정답 ④

1947년 8월 15일, 인도는 영국의 지배로부터 독립했다. 하지만 인도는 이제 종교에 의해서 분리되었다. 인도는 힌두교 국가가 되었다. 그러나 파키스탄은 인도에서 분리되어 이슬람교 국가가 되었다. 즉시 두 나라는 전쟁을 시작했다. 간디는 힌두교도들과 이슬람교도들 사이의 전쟁에 항의하기 위해 1948년 1월 13일에 단식을 시작했다. 5일 뒤에 인도와 파키스탄의 지도자들이 화해하기로 합의했고, 간디는 단식을 그만두었다.

(해설)

(A) 인도가 독립하였지만, 문장에서 인도가 힌두교 국가가 되고 파키스탄은 이슬람교 국가가 되었다는 내용으로 보아 인도가 종교에 의해서 분리되었다(divided)가 적절하다. *unite 연합하다

(B) 종교가 다른 두 나라가 전쟁하는 것에 대해 간디가 단식을 시작하여 항의했다(protest)가 적절하다. *support 지지하다

(C) 간디가 단식을 그만둔 것으로 보아 두 나라 정상들이 평화에 합의했다(agreed)가 적절하다. *disagree 동의하지 않다

Quick Check 정답 1 Hindu, Muslim 2 F

1. 인도는 힌두교 국가와 이슬람교 국가로 나뉘었다.
2. 간디는 인도인들과 영국인들이 종교를 놓고 싸웠기 때문에 단식을 시작했다.

(해설)

1 글의 초반부에서 인도는 종교에 의해서 분리되어서 인도는 힌두교 국가가 되었고 인도에서 분리된 파키스탄은 이슬람교 국가가 되었다고 했으므로 Hindu, Muslim이 맞다.

2 인도인들과 영국인들이 종교를 놓고 싸웠기 때문에 단식을 시작했다는 내용은 글 어디에도 없다.

(어휘)

independent	독립된
rule	지배, 통치
unite	연합하다, 통합시키다
divide	분리하다, 나누다
religion	종교
Hindu	힌두교 신자; 힌두교의
be separated from	~로부터 분리되다
Muslim	이슬람교도; 이슬람교의
immediately	즉시
protest	항의하다; 항의
support	지지하다
leader	지도자, 대표
agree	동의하다
make peace	화해하다

02

정답 ⑤

많은 사람들이 특별한 순간 동안 수많은 사진을 찍는다. 그들은 미래를 위해 그 경험을 보존하고 싶기 때문에 그렇게 한다. 그러나 사진사의 역할이 현재의 순간의 행복을 빼앗아 가는지도 모른다. 한 아버지는 첫 아이이자 외동아이의 탄생 사진을 찍었다. 사진들은 아름다웠지만 나중에 그는 그것들을 찍은 것을 후회했다. 카메라 렌즈를 통해 바라보는 것은 그를 현장에서 분리시켰다. 그러므로 진심으로 아름답고 의미 있는 것들을 바라봄으로서 진행되고 있는 경험을 무시하는(→ 증진시키는) 방법으로 카메라를 사용하는 것을 배워라.

해설

사진을 찍다 보면 실제 경험에서 멀어지고 현실과 동떨어질 수 있으므로, 현재 진행되고 있는 경험을 '증진시키는' 방법으로 카메라를 사용하는 방법을 배워야 한다고 하는 것이 글의 흐름상 자연스럽다. 그러므로 밑줄 친 ⑤의 ignores(무시하다)를 enhances(증진시키다)와 같은 단어로 고쳐 써야 한다.

Quick Check 정답 1 F 2 ongoing experience

1. 아버지는 그의 첫 번째 이자 유일한 아들의 탄생을 보지 못했다.
2. 너의 진행 중인 경험을 증진시키는 방법으로 카메라를 사용하는 법을 배워라.

해설

1 글의 중반부에 아버지는 그의 아이의 탄생을 촬영하느라 직접적인 경험을 하지 못했지만 보지 않은 것은 아니므로 F가 맞다.

2 특별한 순간의 사진을 찍는 사진사는 그 순간의 즐거움을 직접 경험하지 못하게 되므로 그 순간 진행되는 경험을 직접 하는 방법으로 카메라를 사용하라는 요지이다.

어휘

moment	순간
experience	경험
role	역할
photographer	사진사
take away	없애다, 빼앗아 가다
present	현재의
regret	후회하다
separate	분리하다, 떨어뜨리다
ignore	무시하다
ongoing	진행하는
meaningful	의미 있는
enhance	증진시키다

UNIT 12 빈칸 내용 추론 ① - 단어

본문 p.56

대표예제

정답 ①

'Communifaking'은 말하는 척하거나 휴대폰으로 메시지를 보내고 있는 것처럼 가장하는 것을 의미한다. 가장 일반적인 이유는 체면 관리를 하기 위한 것이다. 친구들을 기다리는 동안에 외로운 사람으로 보이지 않기 위해 사람들은 전화하는 척한다. 또 다른 한 가지 이유는 보호를 위한 것이다. 한 여성이 ABCNews.com에 그녀의 이야기를 말했다. 어느 날 밤 그녀는 주유소에 있었다. 오직 다른 차 한 대가 있었고, 무섭게 생긴 남자가 주유 펌프기에 있었다. 그래서 그녀는 두려움을 느껴 전화로 통화하는 척했다. 그녀는 말했다, "나는 그 남자가 나에게 말을 걸지 않게 하기 위해 그렇게 했어요."

해설

위협을 느낄 때 마치 누군가와 통화를 하고 있는 것처럼 가장하여 자신을 보호하려고 한다는 내용으로, 빈칸에 들어갈 말로 가장 적절한 것은 ① protection(보호)이다.

② 호기심 ③ 재미 ④ 협동 ⑤ 약속

어휘

pretend	~인 척하다, 가장하다
common	보통의; 공통의
impression	체면, 인상
management	관리, 경영
fake	속이다, 위조하다
gas station	주유소
scary-looking	무섭게 생긴
out of fear	두려운 느껴
protection	보호
curiosity	호기심
cooperation	협동
appointment	약속; 임명

유형 연습하기

정답 01 ⑤ 02 ①

본문 p.58

01

정답 ⑤

최근의 한 연구는 TV를 많이 보는 어린이들이 그렇지 않은 어린이들보다 더 과체중이 되는 경향이 있다고 보여준다. 당신은 왜 그런지 추측할 수 있는가? 그것은 TV의 광고들 때문이다! 아이들이 TV를 볼 때, 그들은 또한 프로그램 사이에 광고들을 본다. 그러한 광고에서, 그들이 가장 좋아하는 만화 주인공들은 종종 정크 푸드를 광고한다. 그것이 매우 유혹적이기 때문에, 아이들은 나가서 당장 그것을 사고 싶어 한다! 그러한 매력적인 광고들을 보는 아이들은 또한 집에만 머무르며 운동을 덜 하는 경향이 있다.

해설

글 초반부에서 TV를 많은 보는 아이들과 그렇지 않은 아이들을 비교하고, TV 광고에서 아이들의 가장 좋아하는 만화 주인공들이 정크 푸드를 광고하며, 아

이들은 나가서 그 제품을 사고 싶어 하고, 집에만 머무르며 운동을 덜 하는 경향이 있다고 한다. 따라서 빈칸에 들어갈 말로 적절한 것은 ⑤ overweight(과체중)이다.

Quick Check 정답 1 commercial 2 T

1. (상업적인) 광고: 텔레비전 또는 라디오에서의 광고
2. TV를 많이 보는 아이들은 운동을 덜하고 그들은 과체중이 된다.

해설

1 advertisement도 '(상업적인) 광고'라는 의미로 commercial이 맞다

2 글의 후반부에 TV를 많이 보는 아이들은 집에 머무르는 경향이 있으며 덜 운동하게 되며 과체중인 경향이 있다고 언급하므로 T가 맞다.

어휘

recent	최근의
study	연구, 공부
tend to	~하는 경향이 있다
those who	~하는 사람들(~하는 아이들)
commercial	광고
favorite	가장 좋아하는
cartoon	만화
character	등장인물, 성격, 문자
advertise	광고하다
appealing	매력적인, 끌리는
right away	당장
attractive	매력적인
active	활동적인
violent	폭력적인
diligent	부지런한
humorous	유머러스한
overweight	과체중의

02 정답 ①

저녁 식사를 하고 30분 이내에 당신은 무엇을 하나요? 만약 뭔가를 한다면 그것은 당신의 신진대사에 강력한 신호를 보낸다. 당신은 저녁 시간 내내 더 많은 활력을 얻을 것이다. 게다가 만일 당신이 당신의 식사 후에 활동적인 상태에 있게 되면 체중 감량의 혜택을 가질 수 있다. 많은 가능한 활동 중에서 걷기가 식후에 할 수 있는 가장 쉬운 운동 중 하나이다. 연구는 당신이 식사 후에 걷는다면 더 많은 열량을 소모할 수도 있다는 것을 보여준다. 하지만 만약 공복으로 걷는다면 같은 결과를 얻지 못할지도 모른다.

해설

식사 후 뭔가 활동을 하면 체중 감량과 열량 소모를 할 수 있다는 내용으로 빈칸의 뒤에 가능한 운동 중의 한 예로 걷기가 소개되고 있으므로 빈칸에 들어갈 말로 가장 적절한 것은 ① active(활동적인)이다.

② 혼자 ③ 배부르게 먹은
④ 만족한 ⑤ 침묵을 지키는

Quick Check 정답 1 meal 2 after

1. 식사: 특정한 시간에 음식을 준비하고 먹는 경우
2. 식사 후 운동을 하면 체중 감량 효과가 있다.

해설

1 특정한 시간에 음식을 준비하고 먹는 경우는 '식사'이므로 meal이 적절하다.

2 글의 중반부에 식사 후에 활동적인 상태에 있게 되면 체중 감량의 효과가 있다고 했으므로 after가 적절하다.

어휘

meal	식사
powerful	강력한, 매우 효과 있는
signal	신호
energy	활력, 에너지
throughout	내내, 도처에
weight-loss	체중 감량
benefit	혜택, 이익
activity	활동
research	연구, 조사
empty	공복의, 배고픈, 빈
active	활동적인
full	배부른, 가득한
satisfied	만족한
silent	침묵을 지키는, 조용한
prepare	준비하다, 마련하다

UNIT 13 빈칸 내용 추론 ② - 어구

본문 p.60

대표예제 정답 ①

요즘, 많은 사람들이 음식을 함께 먹는 이점들을 재발견하고 있다. 그들은 오븐에 있는 애플파이의 달콤한 냄새나 집에서 만든 칠면조 고기의 따뜻함을 기억한다. 이런 따뜻한 음식들의 기억들에는 그것들을 함께 먹었던 사람들이 포함된다. 그 맛있는 음식들을 함께 먹는 것은 우리의 관계를 강하게 만든다. 그것은 또한 우리가 서로에게 관심을 갖는 방식이기도 하다. 음식은 신체를 위한 칼로리와 영양분 이상이며, 또한 영혼을 풍요롭게 만드는 것이기도 하다.

해설

음식에 대한 기억에는 함께 먹는 사람과의 관계도 포함되며 서로에게 관심을 갖는 방식이기도 하다는 내용의 글이다. 그러므로 빈칸에 들어갈 말로 가장 적절한 것은 ① sharing meals(음식을 함께 먹는)이다.

② 다이어트를 하는 ③ 일기를 쓰는
④ 함께 일하는 ⑤ 건강식품을 구입하는

어휘

rediscover	재발견하다
benefit	이익, 이점
warmth	온기, 따뜻함
include	포함하다
relationship	관계
care for	~에 관심을 갖다, ~를 염려[걱정]하다
soul	영혼
as well	또한
share	공유하다
go on a diet	다이어트를 시작하다
keep a diary	일기를 쓰다

유형 연습하기 정답 01 ⑤ 02 ④ 본문 p.62

01 정답 ⑤

대부분의 공룡은 오늘날 우리가 가지고 있는 파충류보다 훨씬 더 컸다. 오늘날 대부분의 파충류 다리는 몸통의 측면에 있다. 그러나 공룡의 다리는 그들의 몸의 아래쪽에 있었다. 따라서, 그들은 뒷다리로 딛고 일어설 수 있었다. 게다가 오늘날의 파충류는 체온을 조절하기 위해 주변 환경을 이용한다. 반면에 공룡은 자신의 체온을 조절했다. 그들은 주변 환경에 의존하지 않았다. 이러한 이유로 사람들은 공룡과 오늘날의 파충류들이 실제로는 아주 다르다고 말한다.

해설

공룡과 오늘날의 파충류와 다른 점들을 언급한 내용으로 보아 빈칸에 들어갈 말로 가장 적절한 것은 ⑤ are actually quite different(실제로 아주 다르다)이다.

① 빙하기에서 살아남았다 ② 한때 지구를 지배했다
③ 먹이를 놓고 다투었다 ④ 같은 조상을 갖고 있다

Quick Check 정답 1 distinguishes 2 Reptiles

1. 공룡과 오늘날의 파충류를 구별하는 것은 무엇인가?
2. 파충류는 더위를 식히기 위해 그늘을 찾아야 한다.

해설

1 공룡과 오늘날의 파충류의 차이점을 다루는 내용으로 보아 '구별하다'는 의미인 distinguishes가 적절하다.
2 글의 중반부에 파충류는 체온을 조절하기 위해 주변 환경을 이용한다고 했으므로 Reptiles가 맞다.

어휘

dinosaur	공룡
stand up	일어서다
environment	환경
control	조절하다
body temperature	체온
on the other hand	반면에
surroundings	주변 환경
survive	~에서 살아남다, 생존하다
rule	지배하다
compete	다투다, 경쟁하다
ancestor	조상
actually	실제로
distinguish	구별하다

02 정답 ④

누군가 개에 대해서 "음, 그 개는 매우 성공한 삶을 살고 있고 아름다운 집에서 살고 있지만, 그다지 행복하지는 않아."라고 말하는 것을 들어본 적이 있는가? 대부분의 개들이 대부분의 사람들보다 훨씬 더 행복하고, 그 이유는 개가 우리(인간)처럼 외부 환경에 대해 신경 쓰지 않기 때문이다. 심지어 밖에 비가 억수같이 쏟아질 때조차도, 내 개들은 여전히 산책을 나가고 싶어 한다. 나는 보통 비가 멈출 때까지 기다리고, 그러면(비가 그치면) 우리 모두는 함께 나간다. 땅이 젖어 있고 진흙 웅덩이가 있다는 사실은 그 개들에게 아무런 의미가 없다. 나는 젖은 곳을 피해 조심해서 걷지만, 그 개들은 그 웅덩이에서 행복하게 첨벙거린다.

해설

비가 온 이후의 젖은 땅과 진흙 웅덩이를 나는 조심해서 걷지만, 개들은 그 웅덩이에서 즐겁게 첨벙거린다. 즉, 개들에게 젖은 땅과 진흙 웅덩이는 아무런 문제가 되지 않는다. 따라서 빈칸에 들어갈 말로 가장 적절한 것은 ④ means nothing to the dogs(그 개들에게 아무런 의미가 없다)이다.

① 우리가 더 짧게 산책을 하도록 한다
② 나를 매우 신나게 한다
③ 개들을 곤경에 처하게 한다
⑤ 나로 하여금 여기저기 돌아다니는 것을 원하게 만든다

Quick Check 정답 1 puddle 2 T

1. 웅덩이: 비온 후 땅에 있는 작은 물의 영역
2. 사람들은 개들보다 외부 상황에 의해 더 영향을 받는다.

해설

1 비온 후 땅에 고이는 작은 물의 영역은 '웅덩이'이므로 puddle이 맞다.
2 글의 중반부에 개들은 사람들처럼 외부 상황에 신경을 쓰지 않는다고 했으므로 사람들이 개들보다 외부 상황에 의해 더 영향을 받는 것이 맞다.

어휘

successful	성공한, 성공적인
reason	이유
care about	~에 대해 신경 쓰다
external	외부의
circumstance	환경
heavily	심하게
go for a walk	산책하다
wait	기다리다
fact	사실
ground	땅

mud	진흙
puddle	웅덩이
spot	곳, 자리
splash	첨벙거리다

UNIT 14 흐름에 무관한 문장 찾기

본문 p.64

대표예제 정답 ③

글 읽는 법을 배우고 싶어 하지 않는 아이들이 있다. 당신은 그 이유를 아는가? 그들은 만약 그들이 글을 읽을 수 있게 되면 그들의 부모가 그들에게 옛날이야기를 읽어 주는 것을 멈출 것이라고 생각한다. 보통, 아이들은 옛날이야기를 듣는 동안에 부모님의 관심을 좋아한다. (맏이들은 이른 나이에 독립적이 되기 쉽다.) 그들은 글을 읽는 것을 배우게 되면 이러한 특별한 관심이 사라지게 될 것을 두려워하는지도 모른다. 그래서 부모로써, 아이들이 혼자서 읽는 법을 배운 후에도 당신이 그들에게 이야기를 계속해서 읽어줄 것이라는 것을 그들이 알게 해라.

해설

글을 읽을 수 있게 되면 부모가 더 이상 아이들에게 옛날이야기를 읽어 주는 것을 멈출 것이라고 생각하여 아이들이 글 읽는 법을 배우고 싶어 하지 않는다는 것이 글의 주된 내용인데, 맏이들이 이른 나이에 독립적이 되기 싶다는 ③은 전체 흐름과 관계가 없다.

어휘

bedtime story	잠재울 때 들려주는 이야기[동화]
attention	관심, 배려, 주의, 돌봄
the eldest	가장 나이가 많은
tend to	~하는 경향이 있다
independent	독립한, 독립적인
at an early age	이른 나이에
special	특별한
disappear	사라지다
by oneself	혼자서, 홀로

유형 연습하기 정답 01 ④ 02 ② 본문 p.66

01

정답 ④

당신의 입은 소화 과정의 첫 번째 단계이다. 당신이 음식을 베어 물고 씹기 시작할 때 음식은 더 작아지고, 더 부드러워지고 삼키기가 더 쉬워진다. 당신은 입을 다물고 당신의 이로 음식을 더 작은 조각으로 부순다. 당신의 음식이 이리저리 움직이면서 침으로 막이 씌워진다. (위에 있는 음식으로부터 나온 영양분들은 곧 바로 혈액으로 갈 수 있다.) 음식은 당신의 입속에서 더 작아지게 되며 그것은 소화의 다음 단계를 돕는다.

해설

입 안에서 일어나는 소화 과정이 글의 주된 내용이다. 따라서 위에서 소화된 음식으로부터 나온 영양분들은 곧 바로 혈액으로 흡수될 수 있다는 ④는 전체 흐름과 관계가 없다.

Quick Check 정답 1 the mouth 2 digestion

1. 소화 과정은 입안에서 시작한다.
2. 소화: 음식을 소화하는 과정

해설

1 소화 과정이 시작하는 곳은 '입'이므로 the mouth가 맞다.
2 음식을 소화하는 과정은 '소화'이므로 digestion이 맞다.

어휘

stage	단계; 상연하다
digestive	소화의
process	과정, 진행; 가공하다, 처리하다
bite	(베어) 물다
chew	씹다
swallow	삼키다; 제비
crunch	아삭아삭 씹다, 부수다
coated	막이 씌워진, 코팅된
nutrient	영양분
stomach	위
directly	곧 바로, 직접
blood	혈액, 피
digestion	소화

02

정답 ②

로마의 인형 제작자들은 이집트인들과 그리스인들에 의해 개발되었던 기술을 사용했다. 하지만 그들은 그들 자신의 예술적인 문화에 따라 인형을 아름답게 만들려고 노력했다. 로마에서 한 상아 인형이 18세의 나이에 죽은 주인 옆에서 발견되었다. (문명의 이해는 무역의 다른 역할에 대한 지식을 높였다.) 그 인형 옆에는 작은 빗들과 거울을 담고 있는 작은 상아 상자가 있었다. 그 인형은 손가락에 반지들을 끼고 있었고 상자를 여는 작은 열쇠를 쥐고 있었다. 오늘날의 아이들처럼, 로마 문명의 젊은 구성원들은 그들의 인형에게 옷을 입히고 장식했다.

해설

로마의 예술적인 문화를 반영하는 인형에 관한 것이 글의 주된 내용이므로, 문명의 이해와 무역의 역할에 관한 내용의 ②는 전체 흐름과 관계가 없다.

Quick Check 정답 1 F 2 culture

1. 작은 상아 상자가 상아 인형에서 멀리 떨어진 곳에서 발견되었다.
2. 문화: 한 국가나 집단의 언어, 관습, 사상 그리고 예술

해설

1 글의 중반부에 상아 인형 옆에는 작은 상아 상자가 있었다고 했으므로 F가 맞다.
2 한 국가나 집단의 언어, 관습, 사상, 예술은 '문화'이므로 culture가 적절하다.

어휘

Roman	고대 로마의
doll-maker	인형 제작자
technology	기술, 기계, 장비
Egyptian	이집트인, 이집트말의, 이집트 사람의
Greek	그리스인, 그리스어
according to	~에 따라, ~에 따르면
artistic	예술적인, 예술의
culture	문화
ivory	상아로 만든; 상아, 상아색
civilization	문명
knowledge	지식, 인식, 이해
trade	무역, 교역
tiny	작은
comb	빗; 빗질하다
hold	쥐고 있다, 잡다
decorate	장식하다, 꾸미다

UNIT 15 문단 내 글의 순서 파악하기

본문 p.68

대표예제 정답 ③

Peter Tompkins와 Christopher Bird는 『The Secret Life of Plants』라는 책을 한 권 썼다. 그 책에서 그들은 다른 장소에 심었던 두 개의 씨앗에 대한 실험을 설명했다. (B) 그 식물들이 자라는 과정에서 한 식물에게는 사랑과 긍정적인 생각을 주었다. 나머지 식물은 단지 부정적인 생각만을 받았다. (C) 6개월 후에 사랑을 받은 식물은 더 커졌다. 그것은 더 많고 긴 뿌리들을, 더 두꺼운 줄기를, 더 많은 잎들을 가졌다. (A) 그러므로 당신의 식물 앞에서 말을 할 때에는 조심하라. 그것들이 당신의 말을 듣고 있을지도 모른다!

해설

다른 장소에 심어 놓은 두 개의 씨앗 시험을 했다는 주어진 문장에 이어서, 두 개에 각각 긍정적 생각과 부정적 생각을 주는 변수를 두었다는 내용의 (B)가 오고, 6개월이 지난 뒤 긍정적 생각을 준 식물이 더 잘 자랐다는 내용인 (C)가 이어진 뒤, 결국 식물 앞에서 말할 땐 조심해야 한다는 내용의 (A)로 이어지는 것이 글의 순서로 가장 적절하다.

어휘

describe	설명하다
experiment	실험
seed	씨앗
plant	심다; 식물
positive	긍정적인
negative	부정적인
root	뿌리
thick	두꺼운
stem	줄기

유형 연습하기 정답 01 ② 02 ⑤ 본문 p.70

01

정답 ②

커피 섭취 효과에 관한 연구가 뉴스 기사에 나온다고 상상해 보아라. 그 연구는 하루에 최소 세 잔의 커피를 마시는 것이 기억력을 크게 향상하게 시킨다고 말한다. (B) 한 여성이 이 연구를 읽고 매일 세 잔의 커피를 마시기 시작한다. 그녀는 자신이 더 많은 커피를 마시기 때문에 모든 것을 더 잘 기억한다고 생각한다. (A) 그 후 그녀는 더 최근 연구를 읽는다. 그 연구는 하루에 두 잔 이상의 커피를 마시는 것이 집중력을 저하시키고 불안감을 고조시킨다고 말한다. (C) 두 번째 연구 또한 설득력이 있다. 그녀는 '내가 요즘 더 불안하고, 어쩌면 내가 생각했던 것만큼 집중하지 못하는 것 같아'라고 생각하고는, 그녀는 하루에 두 잔의 커피를 마시기 시작한다.

해설

하루 세 잔 이상의 커피가 기억력을 크게 향상한다는 연구를 읽은 여성이 자신의 하루 커피 섭취량을 늘린다는 내용인 (B)가 온 후, 하루 두 잔 이상의 커피를 마시면 집중력이 저하되고 불안이 고조된다는 두 번째 연구를 읽는 내용의 (A)가 이어지고, 이를 읽고 여성이 다시 하루 커피 섭취량을 두 잔으로 줄인다는 내용의 (C)로 이어지는 것이 글의 순서로 가장 적절하다.

Quick Check 정답 1 anxiety 2 less

1. 불안감: 매우 걱정되는 기분
2. 새로운 연구 때문에, 그녀는 매일 커피를 덜 마시기 시작한다.

해설

1 매우 걱정되는 기분을 '불안감'이라고 하므로 anxiety가 적절하다.
2 글의 후반부에 두 번째 연구를 읽고 그녀는 자신이 집중하지 못하는 것 같다고 생각하고는, 하루에 커피 두 잔을 마시기 시작한다고 했으므로 less가 맞다.

어휘

effect	효과, 영향, 결과
at least	적어도
greatly	크게, 매우
improve	향상시키다, 개선하다
memory	기억(력), 추억
decrease	저하시키다, 감소시키다

attention	집중력, 주의
increase	고조시키다, 증가하다
anxiety	불안감, 걱정거리
poweful	설득력 있는, 강력한
anxious	불안한, 걱정하는
lately	요즘, 최근에
focused	집중한

02

정답 ⑤

당신은 아마 메시지를 병에 넣어 바다를 통해 보내는 것에 대한 이야기를 들은 적이 있을 것이다. 문제는 언제 그리고 어디에 그 메시지가 도착할 것인지 당신은 알지 못한다는 것이다. (C) 1493년에 크리스토퍼 콜럼버스는 병에 든 메시지 하나를 보냈다. 그는 왕과 왕비에게 자신이 발견한 것을 전하기 위해 스페인으로 돌아오고 있었다. 그 때 그의 배는 극심한 폭풍에 휘말렸다. (B) 콜럼버스는 여전히 유럽에서 멀리 떨어져 있었기에 왕과 왕비에게 자신의 발견을 전하지 못할 것을 걱정했다. 그래서 그는 종잇조각에 그 소식을 적었다. (A) 그는 그것을 나무로 만들어진 병에 넣고 그 병을 배 밖으로 던졌다. 300년 이상이 지난 후 미국 배의 선장은 그것을 모로코 근처의 아프리카 해안 앞바다에서 발견했다.

해설

주어진 문장에서 sending messages in bottles across the sea를 화제로 제시한 후 역사적 사례를 언급하기 시작하기 위해서는 (C)가 가장 먼저 와야 한다. (C)에는 콜럼버스가 처했던 난처한 상황이 설명되어 있고, 그러한 상황에서의 걱정과 해결책이 (B)에 언급되어 있으며, 마지막으로 그 결과가 (A)에 설명되어 있다. 따라서 (C)-(B)-(A)의 순서로 배열되어야 한다.

Quick Check

정답 1 coast 2 1) T 2) T

1. 해안은 바다 옆에 있는 땅의 영역이다.
2. 1) Christopher Columbus는 1493년에 병에 메시지를 넣어 바다에 던졌다.
   2) Christopher Columbus가 보낸 병에 담긴 메시지는 300년 이상이 지난 후에 발견 되었다.

해설

1 바다 옆에 있는 땅의 영역은 '해안'이므로 coast가 맞다.
2 1) (C)의 In 1493, Christopher Columbus sent a bottled message.에서 Christopher Columbus는가 1493년에 병에 든 메시지를 보냈다고 했으므로 T이다.
2) (A)의 More than 300 years later, the captain of an American ship found it off the coast of Africa, near Morocco.에서 미국인 선장이 모로코 근처 아프리카 해안에서 발견했다고 했으므로 T이다.

어휘

message	메시지
arrive	도착하다
wooden	나무로 된
throw(-threw-thrown)	던지다
overboard	배 밖으로, (배에서) 바다로
more than	~ 이상
captain	선장, 대장
off	~의 앞바다에, ~에서 떨어져서
coast	해안
still	여전히
fear	걱정하다, 두려워하다
discovery	발견
go back	돌아오다, 돌아가다
get caught in	(폭풍우)에 휘말리다

UNIT 16 주어진 문장의 적합한 위치 찾기 본문 p.72

대표예제

정답 ③

전기차는 전통적인 차에 비해서 많은 이점을 가지고 있다. 그 차들은 이산화탄소를 배출하지 않기 때문에 대기 오염과 지구 온난화의 원인이 되지 않는다. 그 차들은 또한 배터리 동력으로 조용히 달림으로써 소음 공해를 덜 만들어 낸다. 그러나 이런 이점들에도 불구하고, 이 환경 친화적인 차량은 안전 문제를 지니고 있다. 예를 들면, 전기차가 다가오는 것을 듣기는 어렵다. 그래서 전기차는 일부 보행자들 특히 맹인들에게 위험할 수 있다. 이러한 것 때문에, 몇몇 사람들은 이 환경 친화적인 차량들에 소리를 내는 기능이 더해져야 한다고 말한다.

해설

여러 이점에도 불구하고 환경 친화적인 차량들 즉, 전기차에 안전 문제가 있다는 주어진 문장은, 대기 오염과 소음 공해를 덜 유발한다는 이점 뒤에, 그러나 다가오는 소리가 너무 작아 위험할 수 있다는 문장 앞인 ③에 들어가는 것이 가장 적절하다.

어휘

despite	~에도 불구하고
benefit	이점
vehicle	차량, 탈 것
issue	문제
electric	전기의
compared to	~와 비교해서
traditional	전통적인
pollution	오염
give out	배출하다, 내뿜다
the blind	맹인들
soundmaking	소음을 만드는
function	기능
eco-friendly	환경 친화적인

유형 연습하기 정답 01 ③ 02 ⑤ 본문 p.74

01

정답 ③

George Orwell이 "코앞에 있는 것을 보려면 끊임없는 노력이 필요하다."라고 썼다. 우리는 기회에 둘러싸여 있지만, 우리는 자주 그것들을 알아보지 못한다. Richard Wiseman 교수는 이것에 대한 실험을 했다. 그는 한 그룹의 자원자들에게 한 농구팀의 패스를 세어 달라고 부탁했다. 그들이 공을 패스하는 동안, 고릴라 옷을 입은 사람이 그 그룹 사이로 걸어 들어가서, 가슴을 쿵쾅 두드리고 나서 걸어 나갔다. 많은 자원자들은 정확하게 숫자를 셌지만, 20명이 넘는 자원자 중 오직 5명만 그 고릴라를 보았다. 동일한 것이 우리의 삶에 적용된다. 우리는 점수를 기록하고 그날그날 살아가는 데에만 너무 집중한다, 그래서 우리의 코앞에 있는 기회들을 보지 못한다.

해설

그들이 공을 패스하는 동안, 고릴라 복장을 한 사람이 걸어 들어왔다가 나갔다는 내용의 주어진 문장은, Richard Wiseman 교수가 공을 패스한 횟수를 세어 달라고 자원자들에게 부탁했다는 내용의 ② 다음에 와야 하므로, 주어진 문장이 들어가기에 가장 적절한 곳은 ③이다.

Quick Check 정답 1 chance 2 T

1. 기회: 무언가를 할 기회를 가지는 것
2. 15명 이상의 자원자들이 고릴라가 그룹 안으로 걸어 들어온 것을 보지 못했다.

해설

1 무언가를 할 기회를 가지는 것은 '기회'이므로 chance가 맞다.
2 글의 중반부에서 20명 이상의 자원자들 중 오직 5명만 고릴라를 보았다는 연구 결과에 따라 15명 이상이 고릴라를 보지 못했다는 것은 맞다.

어휘

costume	복장, 코스튬
chest	가슴, 상자
constant	끊임없는
work	노력, 일
surround	둘러싸다
chance	기회
professor	교수
volunteer	자원자; 자원하다
correctly	정확하게
the same goes for	동일한 것이 ~에 적용된다, ~도 마찬가지다
concentrate on	~에 집중하다
keep score	점수를 기록하다
manage	살아가다, 간신히 해내다, 관리하다
day to day	그날그날, 하루하루

02

정답 ⑤

향유고래는 서로를 방어하고 보호하기 위해서 조력하는 사회적 집단을 이루어 이동한다. 고래의 행동은 대부분 수중에서 일어나기 때문에 목격으로 이 집단의 구성원을 알아내기는 어렵다. 또한 향유고래는 대양을 가로질러 이동할 수 있고 깊이 잠수할 수 있다. 고래의 행동을 연구하는 생물학자들은 보통 고래들이 (수면으로) 올라오는 것을 기다려야만 한다. 고래들이 수면 위로 올라오고 다시 잠수할 때 그들은 피부 조각들을 남긴다. 고래의 이러한 피부 조각들에서 추출한 DNA는 그들의 서로와의 관계를 드러낸다. 이것은 연구자들이 향유고래의 사회 집단에 대해 더 자세하게 설명할 수 있도록 해 주었다.

해설

주어진 문장은 고래의 피부 조각에서 추출한 DNA는 서로에게 그들의 관계를 드러낸다는 내용이므로 고래들이 수면으로 올라오고 다시 잠수할 때 피부 조각들을 남긴다는 내용 다음에 이어져야 자연스럽다. 따라서 주어진 문장은 ⑤에 들어가는 것이 가장 적절하다.

Quick Check 정답 1 skin 2 F

1. 피부: 사람이나 동물의 몸 바깥층
2. 향유고래는 떨어져서 여행하기 때문에 서로를 방어하고 보호하는 데 도움을 준다.

해설

1 사람이나 동물의 몸 바깥층은 '피부'이므로 skin이 맞다.
2 이 글 어디에도 향유고래는 떨어져서 여행하기 때문에 서로를 방어하고 보호하는 데 도움을 준다는 내용은 언급되지 않았으므로 F가 맞다.

어휘

bit	조각
relationship	관계
social	사회적인
defend	방어하다
protect	보호하다
find out	알아내다, 발견하다
sighting	목격, 광경
behavior	행동, 습성, 태도
underwater	수중의
biologist	생물학자
generally	보통, 대개
surface	수면으로 올라오다; 수면
allow	허락하다, 허용하다
researcher	연구자
in detail	자세하게

UNIT 17 문단 요약하기

본문 p.76

대표예제 정답 ①

우리가 슈퍼마켓에 들어갈 때, 우리는 많은 열대과일을 발견할 수 있다. 하지만, 우리가 라벨을 보면, 인도산 망고와 필리핀산 파인애플을 보게 된다. 그것은 보통 그것들이 그 나라들에서부터 날아 들어왔다는 것을 의미한다. 문제는 여기서 발생한다. 비행기 운항은 온실가스를 증가시킨다. 마찬가지로, 우리는 겨울에 수박과 복숭아와 같은 여름 과일들을 먹을 수 있다. 이것은 많은 연료가 그것들을 키우기 위해 소모된다는 것을 의미한다. 다시, 그것은 온실가스를 증가시킨다.
→ 우리가 과일에 대한 선택권을 더 많이 가지면 가질수록, 지구 온난화는 더욱 더 심각해진다.

해설

많은 열대과일을 우리는 쉽게 볼 수 있지만, 그 과일들이 우리 가까이로 비행기를 타고 운반되고 계절을 거슬러 키워지는 동안 온실가스를 증가시킨다는 것이 글의 주된 내용으로, 빈칸 (A)에는 choices(선택권들)가, (B)에는 global warming(지구 온난화)이 들어가는 것이 가장 적절하다.

② 선택권들 - 물 공해　　③ 선택권들 - 경제 위기
④ 안전 - 지구 온난화　　⑤ 안전 - 경제 위기

어휘

tropical	열대의
rise	발생하다, 일어나다
global warming	지구 온난화
likewise	마찬가지로
fuel	연료
be burned up	소모되다
add to	~를 증가시키다
choice	선택
pollution	오염
economic	경제의
crisis	위기

유형 연습하기 정답 01 ① 02 ② 본문 p.78

01 정답 ①

식당에서 무엇을 주문할지 결정하는 데 어려움을 느낀 적이 있는가? California에서 한 가족 중 두 명의 구성원들은 종종 이런 문제가 있었다. 그들은 Los Angeles에 '한입 크기' 식당을 개장했을 때 이 문제를 해결했다. 그 식당은 32개의 작은 품목들이 메뉴에 있다. 손님들은 작은 샐러드와 매우 작은 크기의 프렌치프라이, 나초 칩, 그리고 타코 등을 주문할 수 있다. 어떤 품목도 3달러를 넘지 않고 어떤 것들은 1달러가 채 되지 않는다. 사람들은 단지 한 가지의 음식만을 선택할 필요가 없으므로 이 식당을 좋아한다.
→ 그 식당은 고객들이 더 작은 1인분으로 다양한 음식들을 즐길 수 있어서 매우 인기있게 되었다.

해설

'한입 크기' 식당은 고객들이 단지 한 가지 음식만을 선택할 필요 없이 음식의 서빙 크기를 줄여 다양한 음식을 선택할 수 있어 인기를 끌었다는 내용이므로 빈칸 (A)에는 various(다양한)와 (B)에는 smaller(더 작은)가 들어가는 것이 가장 적절하다.

② 다양한 - 더 큰　　③ 맛있는 - 더 큰
④ 비슷한 - 다른　　⑤ 비슷한 - 더 작은

Quick Check 정답 1 less 2 T

1. 모든 품목은 3달러 이하이다.
2. 캘리포니아의 한 가족 중 두명의 구성원들은 한입 크기의 식당을 열었고, 그것은 성공적이었다.

해설

1 글의 후반부에 한입 크기의 음식들은 3달러를 넘지 않는다고 했으므로 less가 적절하다.
2 글의 후반부에 사람들은 이 식당을 좋아한다고 했으므로 T가 맞다.

어휘

have trouble -ing	~하는데 어려움을 겪다
decide	결정하다
solve	해결하다
bite-size	한입 크기의
item	품목, 항목, 물품
small-sized	작은 크기의, 소형의
French fries	감자튀김
cost	(비용이) 들다; 값, 비용
more than	~보다 많은, ~이상의
less than	~보다 적은
choose	선택하다
popular	인기 있는
serving size	1인분, 1회 제공량
various	다양한
similar	비슷한

02 정답 ②

여러 해 전 심리학자들이 한 가지 실험을 하였다. 그들은 많은 사람들을 아이들의 고리 던지기 세트만 있는 방에 있게 하였다. 그것은(그 고리 던지기 세트는) 바닥에 세워진 짧은 나무로 만든 기둥과 여러 개의 고리를 가지고 있었다. 예상했던 대로, 그들은 고리를 기둥을 향해 던지기 시작했다. 심리학자들이 그 사람들 대부분이 기둥으로부터 충분한 거리를 두었다는 것을 발견했다. 이것은 고리 던지기를 도전적이기는(어렵기는) 하지만 그렇게 어렵지는 않고 따라서 완전히 좌절감을 느끼지 않게 했다. 다시 말하면, 그들은 의도적으로 좌절감과 무료함 사이에 자신들을 위치시켰다. 긴장을 만들어 냈다 해소하는 과정이 그 행위를 자극적으로 만들었던 것이다.
→ 사람들은 좌절감과 무료함의 균형을 맞추기 위해 기둥까지의 거리를 달리하는 것을 통해 적당한 긴장을 만들어 냄으로써 고리 던지기를 자극적으로 만들었다.

해설

좌절감과 긴장감 사이의 경계에 위치하였다는 것은 그 둘 사이의 균형을 맞추었을 의미하고 이러한 행위는 적당한 긴장을 유발하여 그 행위를 자극적으로 만드는 것이다. 따라서 빈칸 (A)에는 tension(긴장)과 (B)에는 balance(균형을 맞추다)가 들어가는 것이 가장 적절하다.

① 긴장 – 불러일으키기 ③ 경쟁 – 증가시키기
④ 에너지 – 숨기기 ⑤ 에너지 – 증가시키기

Quick Check 정답 1 tension 2 F

1. 긴장: 너를 긴장하게 만드는 걱정의 느낌
2. 이 실험은 사람들에게 고리 던지기를 어렵게 만들었다.

해설

1 너를 긴장하게 만드는 걱정의 느낌은 '긴장'이므로 tension이 맞다.
2 글의 어디에도 실험이 고리 던지기를 어렵게 만들었다는 내용은 없으므로 F가 맞다.

어휘

psychologist	심리학자
experiment	실험
post	기둥, 말뚝
as expected	예상했던 것처럼, 예상대로
challenging	도전적인, 해 볼 만한
frustrating	좌절감을 느끼게 하는
frustration	좌절, 실패
boredom	무료함
on purpose	의도적으로
process	과정
ease	줄이다, 덜어주다
tension	긴장
activity	활동, 행위
distance	거리
competition	경쟁

UNIT 18 장문 독해 ① - 단일장문

본문 p.80

대표예제 정답 1 ④ 2 ②

미국의 일부 초등학교 선생님들은 "쉬는 시간은 학생들을 위한 자유 시간이야." 또는 "왜 내가 쉬는 시간까지 관심을 가져야 돼?"라고 생각할지도 모른다. 그러나 현실에서, 쉬는 시간은 이전보다 더 중요해졌다.

최근 초등학교에서 체육 시간이 증가하고(→ 감소하고) 있기 때문에, 쉬는 시간은 사실 아이들이 학교에서 신체적인 활동에 참여할 수 있는 주요 돌파구가 되었다. 그러나, 실제로 일어나고 있는 것은 학생들이 이 '자유 시간' 동안에 계획성 없는 활동에 참여하도록 남겨진다는 것이다. 쉬는 시간은 자유 시간 그 이상이다. 쉬는 시간은 학생들이 신체 활동에 참여할 뿐 아니라 그들의 인성을 쌓고 사회적인 상호 작용 기술을 개발할 수 있는 기회로 여겨져야 한다. 그러므로 담임 선생님들은 쉬는 시간이 학교 일과의 중요한 부분이라는 것을 깨달아야 한다.

01
쉬는 시간은 학생들이 신체 활동에 참여할 뿐 아니라 사회적인 상호 작용 기술을 개발할 수 있는 기회로 여겨져야 하기 때문에 초등학교 선생님들은 쉬는 시간을 중요한 부분으로 깨달아야 한다는 것이 이 글의 내용이므로, 글의 제목으로 가장 적절한 것은 ④ The Educational Importance of Recess(쉬는 시간의 교육적 중요성)이다.

① 더 높은 사회적 지위를 위한 기회 ② 선생님에 대한 학생들의 태도
③ 체육의 대중화 ⑤ 신체적 활동들의 단점들

02
최근 초등학교에서 체육 시간이 줄어들고 있어서 학교에서 쉬는 시간이 신체적인 활동에 참여할 수 있는 돌파구가 되고 있다는 내용이므로 ④ (b)의 risen(증가하고)을 decreased(감소하고)와 같은 단어로 고치는 것이 적절하다.

어휘

care about	관심을 가지다
reality	현실
physical education	체육
participate in	~에 참가하다
occur	일어나다
engage in	참여하다
unorganized	조직되지 않은
opportunity	기회
social	사회의
interaction	상호 작용
realize	깨닫다
status	지위
attitude	태도
popularity	대중화
disadvantage	단점

유형 연습하기 정답 01 ① 02 ⑤ 03 ① 04 ③ 본문 p.84

[01~02] 정답 1 ① 2 ⑤

우리는 신생아의 울음소리가 전 세계 부모들에게 똑같이 들릴지 모른다고 생각하지만 과학자들에 따르면, 그렇지 않다: 첫날부터, 신생아들은 부모의 언어로 운다. 한 팀의 연구원들은 생후 3~5일된 건강한 신생아 60명의 울음소리를 녹음했다. 30명은 불어를 사용하는 가정에서 태어난 신생아들이었고, 30명은 독어를 사용하는 가정에서 태어난 신생아들이었다. 불어를 사용하는 가정의 신생아는 상승 어조로 우는 경향이 있는 반면에 독어를 사용하는 가정의 신생아는 하강 어조로 울었다. 이 패턴은 두 언어 사이에 몇 가지 차이점을 나타냈다. 이것은 신생아가 그들의 모국어로 운다는 점을 시사했다. 책임 연구원인 Kathleen Wermke는 신생아들이 비슷한(→ 다른) 울음소리의 어조를 만들어 낼 수 있다고 말했다. 그것은 그들이 자궁 속에서 들은 것이기 때문에 그들은 부모의 언어의 어조를 좋아한다.

해설

01

신생아는 어머니의 자궁에서 들은 모국어의 어조를 선호하므로 그 울음소리가 그 언어의 어조를 반영한다는 내용의 글이므로 ① Mom, I Cry Like I Heard(엄마, 나는 내가 들은 것처럼 울어요)가 맞다.

② 나는 더 이상 울고 싶지 않아요

③ 엄마, 당신이 저의 목소리를 녹음하시겠어요?

④ 엄마, 소리를 기억하는 것은 어려워요

⑤ 저에게 당신의 어조를 흉내 내는 방법을 말해 주세요

02

Kathleen Wermke의 연구에서 불어를 사용하는 신생아는 상승 어조로 울고 독어를 사용하는 가정의 신생아는 하강 어조로 운다는 연구 결과에 따라 신생아들은 다른 울음소리의 어조를 만들어 낼 수 있다. 따라서, (e)의 similar(비슷한)를 different(다른)와 같은 단어로 바꿔야 한다.

Quick Check 정답 1 newborn 2 rising, falling

1. 신생아: 막 태어난 아기
2. 프랑스 신생아들은 상승 어조로 울었고, 독일 신생아들은 하강 어조로 울었다.

해설

1 막 태어난 아기를 '신생아'라고 하므로 newborn이 맞다.

2 글의 중반부에 프랑스 신생아들은 상승 어조로 운다고 했으므로 rising이 맞고, 독일 신생아들은 하강 어조로 운다고 했으므로 falling이 맞다.

어휘

cry	울음소리; 울다
newborn	신생아
according to	~에 따르면
language	언어
record	녹음하다
born	태어난
French	프랑스의; 프랑스어
tend to	~하는 경향이 있다
rising tone	상승 어조
German	독일의; 독일어
falling tone	하강 어조
indicate	나타내다
suggest	시사하다, 제안하다
native language	모국어
produce	만들어 내다, 생산하다
similar	비슷한

[03~04] 정답 3 ① 4 ③

어떤 야구장들은 다른 야구장들보다 홈런을 치기 더 좋다. (홈런을 치는데) 중요한 것은 야구장의 크기만은 아니다. 다른 야구장 조건들 또한 야구공이 펜스를 넘어가도록 하는데 선수들도 이것을 알고 있다. 따라서 어떤 선수가 새로운 팀으로 이적하고 그것의 야구장이 홈런을 치는 데 더 좋은 조건을 가지고 있다면 어떤 일이 생길까? 한 연구는 그런 선수가 60퍼센트 더 많은 홈런을 친다는 것을 보여주었다. 왜 그럴까? 그 해답은 사람의 마음가짐에 있다. 만약 당신이 더 많은 홈런을 칠 수 있다고 생각하면, 당신은 펜스를 향해 공을 치려고 더 열심히 노력하게 될 것이다. 하지만 홈런을 치게 될 가능성이 더 크다고 (→ 더 적다고) 생각하면, 당신의 뇌는 그냥 1루타만 시도해서 베이스를 밟으라고 당신에게 신호를 보내게 될 것이다.

야구에서와 마찬가지로, 삶에 있어서 우리의 생각은 또한 우리가 홈런을 치기 위해 열심히 노력하도록 도와줄 수 있다. 야구에 관한 연구는 중요한 것은 펜스까지의 거리에 대한 당신의 생각들이라는 것을 보여준다. 당신의 일과 당신의 현재 삶을 생각해 보라. 그 펜스들이 홈런을 치기에 너무 멀리 떨어져 있는 것처럼 보이는가? 펜스를 조정해라, 그러면 그것이 더 쉬워 보일 것이다.

해설

03

홈런을 치는 데에는 우리가 타석에서 펜스까지의 거리를 어떻게 생각하고 있는지 즉 홈런을 칠 수 있다고 생각하고 있느냐 그렇지 않다고 생각하느냐가 더 중요하다는 내용의 글이므로, 제목으로 ① Move Your Fences Closer(당신의 펜스를 더 가까이 이동시켜라)가 가장 적절하다.

② 왜 팀워크가 중요한가?

③ 통계들은 스포츠에서 필요한가?

④ 더 많은 이익을 위하여 팀을 변화시켜라

⑤ 더 나은 야구장 조건: 크기 대 바람

04

야구에서 홈런을 더 많이 칠 것 같다고 생각하면 펜스를 향해 더 많이 휘두르고 홈런을 칠 가능성이 적을 것 같다고 생각하면 뇌가 1루타만 치라고 신호를 보낼 것이라는 내용을 예상할 수 있으므로 (c)의 bigger(더 큰)를 smaller(더 적은)와 같은 단어로 바꿔야 한다.

Quick Check 정답 1 signal 2 T

1. 신호: 정보를 주거나 사람들에게 무엇을 해야 할지 알려주는 움직임, 빛 또는 소리
2. 실제 거리보다 펜스까지의 거리에 대한 당신의 생각이 더 중요하다.

해설

1 정보를 주거나 사람들에게 무엇을 해야 할지 알려주는 움직임, 빛 또는 소리를 '신호'라고 하므로 signal이 맞다.

2 글의 후반부에 우리의 생각은 홈런을 치도록 최선을 다하도록 도와주고 중요한 것은 펜스까지의 거리에 대한 우리의 생각이라고 했으므로 T가 맞다.

어휘

home run	홈런
condition	조건, 상태,
fence	펜스; 울타리를 치다
study	연구, 학문
mindset	마음가짐
toward	~을 향하여, ~에 관하여

signal	신호; 신호를 보내다
get on	밟다, 들어가다, 올라타다
base	야구의 베이스, 기초
thought	생각, 사고
distance	거리
consider	생각하다, 고려하다
present	현재의, 참석한
adjust	조정하다, 적응하다
necessary	필요한

UNIT 19 장문 독해 ② - 복합장문

본문 p.88

대표예제 정답 1 ② 2 ② 3 ④

[01~03]

(A) 내 친구 Don은 자신을 음악가로 여겼다. 그는 또한 자신을 가수라고 생각했지만, 잘하지 못했다. 그래도, Don은 가수 겸 작곡가가 되려는 자신의 꿈을 포기하지 않고, Tennessee주의 Nashville로 갔다.

(C) Nashville에서, 그는 낮에 음반 회사들을 방문하기 위해서, 밤에 일하는 일자리를 구했다. 그는 기타 연주하는 법을 배웠다. 그는 모든 기회의 문을 두드리면서, 계속 노래를 쓰고 기타 연주를 연습했다.

(B) 여러 해가 지나고, 우리는 서로 연락이 거의 끊어졌다. 어느 날, 나는 역시 Don을 알고 있는 한 친구에게서 전화를 받았다. "이거 한번 들어봐."라고 그는 말했다. 그러고 나서 그는 라디오를 켰다. 나는 스피커로부터 멋진 노래가 흘러나오는 것을 들었다. "Don이야," 하고 내 친구가 말했다. 나는 그것을 믿을 수가 없었다. Don이 쓰고 녹음한 것이 바로 그 노래였다! 나는 그가 해냈다는 생각이 들었다.

(D) 그 전화 통화 후 몇 년이 지나서, 나는 인기 가수 Kenny Rogers가 Don의 노래 가운데 한 곡을 녹음했다는 이야기 또한 들었다. 그 노래는 그 당시에 가장 유명한 노래들 가운데 하나였다. 그 이후로, Don Schlitz는 수많은 1위곡들을 썼다. 그는 끊임없는 노력의 결과로 성공한 작곡가가 되었다.

해설

01

음악을 잘하지는 못했지만 포기하지 않고 Nashville로 간 친구 Don의 이야기를 시작하는 (A)에 이어서, Don이 Nashville에서 밤낮으로 음악을 위해 노력했다는 내용의 (C)가 오고, 어느 날 라디오에서 흘러나온 멋진 노래가 Don의 곡이라는 것을 들었다는 내용의 (B)가 오고, Don이 그 뒤로도 수많은 1위곡을 쓰며 성공한 작곡가가 되었다는 내용인 (D)로 이어지는 것이 글의 순서로 가장 적절하다.

02

(a), (c), (d), (e)는 Don을 가리키지만, (b)는 나와 Don이 함께 알고 있는 또 다른 친구를 가리킨다.

03

(B)의 첫 문장에서 Years passed, and we almost lost touch with each other.(여러 해가 지나고, 우리는 서로 연락이 거의 끊어졌다.)고 했으므로 Don에 관한 내용과 일치하지 않는 것은 ④이다.

어휘

consider	생각하다, 여기다
give up	포기하다
singer-song writer	가수 겸 작곡가
lose touch with	~와의 연락이 끊어지다
record	녹음하다
make it	(어떤 일을) 해내다, 성공하다
so that	~하기 위해서
composer	작곡가
as a result of	~의 결과로서
endless	끊임없는; 끝없는
effort	노력

유형 연습하기 정답 01 ④ 02 ④ 03 ④ 04 ⑤ 05 ② 06 ⑤

본문 p.92

[01~03] 정답 1 ④ 2 ④ 3 ④

(A) Victoria는 이름의 열네 살 소녀는 항상 노래하는 것을 좋아했다. Victoria는 똑똑하고 학구적이면서 조용했다. 그녀는 자주 학교 뮤지컬에 지원했지만, 주연을 지원한 것은 아니었다. 그녀는 코러스단에 섞이는 것을 선호했다. 그때 그녀는 중대한 도전에 직면했다.

(D) Victoria의 학교는 연례 교내 뮤지컬 공연을 몇 달 후에 열 것이었다. Victoria의 어머니는 그날 중요한 회의가 있었다. 그녀는 Victoria가 주연을 차지한다면 자신이 뮤지컬에 참석하겠다고 약속했다. 그녀는 Victoria가 자신이 그녀를 믿고 있다는 것을 알기를 원했다. 그녀는 또한 Victoria가 스스로를 믿는 모습을 보고 싶었다. 그녀가 한 말은 Victoria를 한동안 깊게 생각하도록 했다.

(B) Victoria는 시도해 보기로 결심했다. 뮤지컬 'Into the Woods'는 많은 중요한 배역들을 제공했다. 그녀는 신데렐라의 요정 대모에 지원했다. 놀랍게도 그녀는 그 배역을 따냈고, 곧 긴장하기 시작했다. 그녀는 소프라노로 노래해야 했는데, 이는 자기 음역보다 높았다. 그 대본은 또한 그녀가 한 시점에 무대로부터 6피트 위에 매달리도록 요구했다.

(C) Victoria는 매일 자신의 배역에 집중하고 연습하기로 결심했다. 그녀는 뮤지컬에서 관객들이 자신에게 완전히 집중할 수 있도록 준비하기 위해 몇 달 동안 훈련을 했다. 그 중요한 날, Victoria는 두려웠지만, 자신의 배역을 완벽히 연기했다. 그녀의 어머니가 관객 속에 자랑스러워하며 앉아 있었다. Victoria는 자기 자신을 자랑스럽게 느꼈고 어머니가 매우 행복해하는 모습을 보고 기뻤다.

해설

01

Victoria는 학교 뮤지컬에 지원했지만, 코러스단에 섞이는 것을 선호했는데 중대한 도전에 직면하게 되었다는 주어진 (A) 다음에, Victoria가 주연을 차지한다면 그녀의 어머니가 중요한 회의가 있지만 참석하겠다는 약속을 하여 Victoria가 깊은 생각에 빠진다는 내용의 (D)가 이어지고, 시도해 보기로 마음을 먹은 Victoria가 신데렐라의 대모역을 따냈다는 내용의 (B)가 이어진 후, 자신이 맡은 배역에 집중하고 연습하여 완벽히 연기해서 기뻐했다는 내용인 (C)

로 이어지는 것이 글의 순서로 가장 적절하다.

02

(a), (b), (c), (e)는 Victoria를 가리키지만 (d)는 Victoria의 어머니를 가리킨다.

03

(C)의 중반부에 Victoria는 두려웠지만, 자신의 배역을 완벽히 연기했다고 했으므로, 글에 관한 내용으로 적절하지 않은 것은 ④이다.

Quick Check 정답 1 proud 2 F

1. 자랑스러운: 당신이 소유하고 있거나 한 어떤 것 때문에 기쁜 느낌
2. Victoria의 어머니는 너무 바빠서 뮤지컬에 참석할 수 없었다.

해설

1 당신이 소유하고 있거나 한 어떤 것 때문에 기쁜 느낌은 '자랑스러운'이므로 proud가 맞다.

2 글의 후반부에 그녀의 어머니가 관객 속에 자랑스러워하며 앉아 있었다는 내용으로 보아 F가 맞다.

어휘

studious	학구적인
try out	~에 지원하다
main role	주연
prefer	선호하다
blend into	~로 섞이다
chorus	코러스단, 합창단
be faced with	~에 직면하다
challenge	도전, 과제; 도전하다
decide	결심하다
give it a try	시도해 보다
fairy	요정
part	배역, 부분
soprano	소프라노
range	음역, 범위
script	대본
require	요구하다
hang	매달다
stage	무대; 상연하다
concentrate	집중하다
practice	연습하다; 연습
prepare	준비하다, 대비하다
audience	관객, 청중
focus on	집중하다
fully	완전히
scared	두려워하는
perfectly	완벽하게
proudly	자랑스러워하며
hold	열다
annual	해마다, 연례의
promise	약속하다; 약속
attend	참석하다, 돌보다
deeply	깊이
for a while	한동안, 잠시

[04~06] 정답 4 ⑤ 5 ② 6 ⑤

(A) 고등학교 운동장은 사진사들을 위해 포즈를 취하는, 옷을 잘 차려입은 사람들로 가득 찼다. Hannah는 지난 몇 년 동안 자신의 삶에 있는 모든 사람들을 바라보았다. 곧 그녀의 어머니가 그들과 합류할 것이었다. 그녀는 불안해하는 많은 신입생들의 한가운데 있었던 학교에서의 첫날을 기억해 냈다. 그들 중 몇 명은 그녀의 가장 친한 친구들이 되었다.

(D) 그날은 평소와 달리 안개가 자욱했다. 교장 선생님은 활기차게 고등학교 생활의 도전에 대해 말씀하시고 계셨지만, 그녀는 집중할 수가 없었다. 후에 그녀는 그녀의 엄격해 보이는 담임 선생님을 만났다. 교실에서, Hannah는 복도 쪽 다섯 번째 줄에 앉았지만 그녀는 창가 자리를 원했다. 곧 그녀는 고등학교 생활은 교장 선생님께서 말씀하신 대로 도전적이라고 생각했다.

(C) Hannah는 그 많은 수업 시간과 끝없는 과제와 씨름했다. 하지만, 학교 축제처럼 신나는 행사들도 있었다. 그녀는 축제에서 친구들과 함께 노래를 부르고 춤을 추었다. 그 후에 그녀는 더 자신감이 생기고 활동적이 되었다. 그녀의 지난 날들을 생각하고 있는 동안, 그녀는 자신의 어머니의 목소리를 들었다. "여기 있구나!" 그녀의 어머니는 그녀에게 꽃을 주고 강한 포옹을 해 주었다.

(B) "Hannah야, 너 아주 심각해 보여. 무엇에 대해 생각하고 있니?" "아, 엄마, 그냥, 아시잖아요." 그녀의 어머니는 미소를 지으며 말했다. "저쪽으로 서서... 그리고 미소를 지으렴, Hannah야." 그녀는 자신의 휴대 전화를 꺼내 줌 렌즈로 자신의 딸을 확대했다. "넌 다 컸구나."라고 그녀가 속삭였다. Hannah는 학교 정원에서 그녀의 선생님들과 사진을 더 찍었다.

해설

04

주인공인 Hannah가 고등학교 졸업식 날 그녀의 고등학교 시절에 대해 회상하는 글이다. 졸업식에서 어머니를 기다리며 자신의 입학식 날을 회상하는 내용의 주어진 (A) 다음에 (A)의 the first day of school을 가리키는 That day인 입학식 날 Hannah가 들었던 교장 선생님 말씀에 대해 기술하는 내용의 (D)가 이어지고, 마침내 어머니가 온 내용인 (C)가 이어진 후, 어머니와 함께 이야기하면서 선생님들과 사진을 찍는 내용인 (B)로 이어지는 것이 글의 순서로 가장 적절하다.

05

(b)는 Hannah의 어머니를 가리키고, 나머지는 모두 Hannah를 가리킨다.

06

(D) 후반부의 Hannah was seated ~ a window seat.이라는 문장을 통해 Hannah는 창가 자리를 원했지만 복도 쪽 다섯 번째 줄에 앉았다는 것을 알 수 있으므로 글의 내용과 일치하지 않는 것은 ⑤이다.

Quick Check 정답 1 principal 2 The memories of Hannah's high school life on her graduation day

1. 교장: 학교나 대학의 책임자
2. Hannah의 졸업식 날 그녀의 고등학교 생활의 회상

해설

1 학교나 대학의 책임자는 '교장'이므로 principal이 맞다.
2 주인공인 Hannah가 고등학교를 졸업하는 날 자신의 고등학교 시절을 회상하는 내용의 글이므로 The memories of Hannah's high school life on her graduation day가 맞다.

어휘

well-dressed	잘 차려입은
pose	포즈를 취하다
anxious	불안한
freshman	신입생 (*pl.* freshmen)
serious	심각한
zoom in	줌렌즈로 ~를 확대하다
grown-up	다 자란
struggle	씨름하다, 고군분투하다
endless	끝없는
confident	자신감 있는
unusually	평소와 달리
principal	교장
cheerfully	활기차게
concentrate	집중하다
strict-looking	엄격해 보이는
hallway	복도
seat	자리, 좌석
row	줄, 열

MINI TEST 제 1 회

본문 p.98

01 ②	02 ⑤	03 ③	04 ①	05 ③	06 ①
07 ②	08 ③	09 ②	10 ①	11 ⑤	12 ③

01

정답 ②

나는 내가 잘못된 음식들을 먹고 있다는 것을 알았다. 단 음식, 탄산수와 과자 그리고 패스트푸드. 나는 올바른 음식이 무엇인지 정말로 몰랐다. 나는 단지 내가 적게 먹을 필요가 있다는 것만 알았다. 그래서 나는 적은 양의 식사를 먹기 시작했다. 놀랍지 않게, 나는 살이 빠졌지만, 나는 기력이 없었다. 건강 잡지에서 나는 음식이 나의 적이 아니라는 것을 알게 되었다. 나는 단지 더 좋은 선택을 해야 했다. 아침으로 바나나, 시리얼, 우유, 점심으로 닭고기와 과일, 그리고 저녁으로 통밀 칠면조 샌드위치. 나의 기력은 돌아왔고, 난 계속해서 살이 빠졌다.

해설

식사의 양을 줄이는 것보다 제대로 선택된 음식을 먹는 것이 중요하다는 것이 글의 주된 내용으로, 이 글의 주제로 가장 적절한 것은 ② the importance of eating right(올바르게 먹는 것의 중요성)이다.

① 살찌는 것의 위험 ③ 덜 먹는 것의 결말
④ 건강한 음식을 선택하기 위한 조언 ⑤ 살을 빼는 것의 부작용

어휘

sweet	단 음식
soda	탄산수
meal	식사
surprisingly	놀랍게도
lose weight	살이 빠지다
energy	기력, 에너지
enemy	적
choice	선택
turkey	칠면조
return	돌아오다
continue	계속하다
drop weight	살이 빠지다
gain weight	살이 찌다
importance	중요(성)
consequence	결말, 결과
tip	조언, 팁
select	선택하다
side effect	부작용

02

정답 ⑤

밸런타인데이에 많은 사람들이 심장 모양의 선물을 교환한다. 하지만 사람의 심장은 실제로 전형적인 밸런타인데이 모양처럼 보이지 않는다. 사람의 심장은 주먹의 모양을 닮았다. 심장은 많은 혈액이 있는 근육이다. 비만인 사람들의 심장은 그것이 노란색 지방으로 덮여 있기 때문에 노란색으로 보인다. 대부분의 사람들은 심장이 가슴의 왼쪽에 있다고 들어왔다. 사실은 그것은 가슴의 한 가운데에 있다. 혈액을 밀어내기 위해서 평균 심장은 하루에 10만 번 고동친다. 이것은 평생 동안 보통 사람의 심장이 25억 번 이상을 박동한다는 것을 의미한다.

해설

사람의 심장이 평소 알고 있는 것처럼 밸런타인데이의 심장 모양이 아니며, 가슴의 중앙에 위치하고 있다는 것이 글의 주된 내용으로, 이 글의 제목으로 가장 적절한 것은 ⑤ Truth about Heart(심장에 대한 진실)이다.

① 심장: 가장 중요한 신체 부위 ② 심장을 건강하게 유지하는 법
③ 밸런타인 하트의 기원 ④ 심장의 주요 기능

어휘

exchange	교환하다
heart-shaped	심장 모양의
look like	~처럼 보이다
typical	전형적인
resemble	~을 닮다

fist	주먹
muscle	근육
blood	혈액, 피
overweight	비만의, 과체중의
be covered with	~로 덮여 있다
fat	지방; 뚱뚱한
in fact	사실은
average	평균
beat	(심장이) 고동치다, 뛰다
billion	10억
origin	기원
main	주요한
function	기능
truth	진실

03

정답 ③

어느 늦은 토요일 밤에, 나는 전화 소리에 의해 잠이 깼다. 졸린 목소리로 나는 "여보세요."라고 말했다. 전화 건 사람은 급하게 장황한 말을 늘어놓기 전에 잠시 멈췄다. "엄마, 저 Susan이에요. 좀 늦을 것 같아서 전화해야 했어요. 내가 극장에 있는 동안에 제 차의 타이어가 펑크났어요." 난 딸이 없기 때문에, 그 사람이 전화를 잘못 걸었다는 것을 알았다. "미안해요," 나는 대답했다, "하지만 나는 Susan이라는 이름의 딸이 없어요." "오, 엄마!" 젊은 아가씨가 말했다. "나는 엄마가 이렇게 화나시리라고는 생각지 못했어요."

해설

③ be동사의 보어 역할을 해야 하므로 형용사인 late로 고쳐야 한다. lately는 '늦게'라는 뜻의 부사이다.
① awaken은 '~를 깨우다'라는 타동사로 내 잠이 누군가에 의해 깬 것이므로 수동형 awakened는 적절하다.
② 전치사 before의 목적어로 쓰인 동명사 rushing은 적절하다.
④ 내가 안 것은 과거이고 그 사람이 전화를 건 것은 더 먼저의 사건이므로 과거완료형 had misdialed는 적절하다.
⑤ 동사 think의 목적어 역할을 하면서 완전한 구조의 문장을 이끄는 접속사 that은 적절하다.

어휘

awaken	~를 깨우다
voice	목소리
caller	전화를 건 사람
pause	(잠시) 멈추다
for a moment	잠시 동안
rush into	급하게 ~하다
speech	말, 연설
late	늦은; 늦게
tire	타이어
go flat	펑크 나다
theater	극장
misdial	전화를 잘못 걸다
reply	대답하다
named	~라는 이름의

04

정답 ①

전통적인 농사의 문제점들 중 하나는 작물 재배 시기가 제한될 수 있다는 것이다. 이 문제를 해결하기 위해, 한 과학자는 건물 안에서 농작물을 재배하는 것을 제안했다. 건물 안에서 농작물은 일 년 내내 자랄 수 있다. 토양을 불어 날릴 바람은 없다. 농부들은 너무 많은 비나 너무 적은 비, 또는 무더운 여름이나 아주 추운 겨울에 대해 걱정할 필요가 없다. 해충을 제거하기 위한 화학 물질에 대한 필요도 없다.

해설

(A) 전통적인 농사에서 문제점은 작물 재배 기간이 제한되어 있으므로 limited(제한된)가 적절하다. *extended 연장된
(B) 바람이 토양을 불어 날리는 것이므로 blow(불다)가 적절하다. *flow 흘리다, 흐르다
(C) 화학 물질이 해충을 없애는 것이므로 remove(제거하다)가 적절하다. *keep 유지하다

어휘

traditional	전통적인
farming	농사
growing season	재배 시기
crop	작물
limited	제한된
extended	연장된, 늘어난
solve	해결하다
suggest	제안하다, 시사하다
blow	불다
flow	(액체가) 흘리다, 흐르다
soil	토양
freezing	몹시 추운
chemical	화학 물질; 화학의
remove	제거하다
harmful	해로운
insect	곤충

05

정답 ③

한 연구자가 행복의 비밀을 말해 준다. 그것은 전염성이다. 만약 내가 잘 아는 누군가가 행복해지면, 행복해질 가능성이 15% 증가한다. 만약 내가 간접적으로 아는 누군가가 행복하면 그것은 10% 증가할 것이다. 단순히 많은 친구가 있는 것보다 소수의 행복한 친구가 있는 것이 더 도움이 된다. 하지만, 이것은 당신이 걱정을 자주하는 친구들과의 관계를 끊어야 한다고 제안하는 것은 아니다. 당신 또한 당신 친구들의 행복의 원천이라는 것을 기억해라. 당신은 얼굴에 환한 미소와 함께 행복을 퍼뜨릴 수 있다.

해설

행복은 전염성이 있기에 밝게 웃음으로써 행복을 퍼뜨릴 수 있다는 내용의 글로, 빈칸에 들어갈 말로 가장 적절한 것은 ③ spread(퍼뜨리다)이다.
① 사다 ② 잊다 ④ 변경하다 ⑤ 측정하다

어휘

researcher	연구자
possibility	가능성
increase	증가하다; 증가
indirectly	간접적으로
helpful	도움이 되는
simply	단순히
suggest	제안하다, 시사하다
cut ties with	~와 관계를 끊다
worry	걱정하다
remember	기억하다
source	원천, 출처
bright	밝은
forget	잊다
spread	퍼뜨리다
measure	측정하다

06

정답 ①

당신의 아이가 영리한지 아닌지, 그리고 그들에게 어떻게, 언제 올바른 관심을 주어야 하는지를 결정하는 데는 주의 깊은 관찰을 필요로 한다. 이를 위해서는 기록을 하는 것이 매우 도움이 될 수 있다. 그것은 당신이 당신의 일상생활에서 벗어나는데 도움이 되고, 그 결과 당신은 당신의 아이에 대해서 더 객관적인 견해를 얻을 수 있다. 그 다음에, 돌이켜 보는 동안에 당신은 상황이 어떻게 발달해 왔는지, 그리고 어떻게 그것들이 변화될 수 있는지를 알게 될 수도 있다. 매일 적는 기록 책은 당신이 영리한 아이를 가지고 있는지를 확인하는 것뿐만 아니라 그 또는 그녀(아이)의 감정 발달을 관찰하는 것에도 도움이 될 것이다.

해설

아이가 영리한지, 아이에게 관심을 어떻게, 언제 주어야 하는지 결정하기 위해서는 기록을 하면 도움이 된다는 흐름으로, 빈칸에 들어갈 말로 가장 적절한 것은 ① keep a record(기록을 하다)이다.

② 그들을 칭찬하다 ③ 편지를 쓰다
④ 함께 놀다 ⑤ 그들에게 이야기를 읽어 주다

어휘

decide	결정하다
bright	영리한, 밝은
attention	관심
careful	주의 깊은, 조심하는
observation	관찰
helpful	도움이 되는
step out of	~에서 벗어나다
everyday routine	(틀에 박힌) 일상
so that	(그 결과) ~하다
objective	객관적인
view	견해, 시야
look back	되돌아 보다
situation	상황
develop	발달하다
not only A but also B	A뿐만 아니라 B도
see if	~인지 확인하다
emotional	감정적
development	발달, 개발
praise	칭찬하다; 칭찬

07

정답 ②

너의 룸메이트가 청소를 하지 않는다면, 그것은 너를 정말 짜증나게 만들 수도 있다. 네가 지저분한 룸메이트와 살아야 한다면, 너는 다음을 할 수 있다. 즉, 절대 너의 룸메이트를 위해 청소하지 마라. 만약 네가 그렇게 하면, 너는 룸메이트에게 잘못된 메시지를 보낼 수 있다. 하나는 네가 직접 모든 청소를 하는 것을 꺼리지 않는다는 것이다. 또 다른 하나는 그녀가 스스로 청소를 하지 않는다면, 다른 누군가가 할 것이라는 것이다. 너는 네 룸메이트의 엄마나 가정부가 아니다. 그녀는 스스로 책임지는 것을 배워야 한다.

해설

청소를 하지 않는 룸메이트가 자신의 해야 할 일을 배워야 한다는 내용으로, 밑줄 친 부분이 의미하는 바로 가장 적절한 것은 ② to clean up after herself(뒷정리를 하는 것)이다.

① 너를 또 실망시키기 ③ 방을 지저분하게 만들기
④ 다른 룸메이트를 찾기 ⑤ 그 둘을 위한 가정부를 고용하기

어휘

do the cleaning	청소하다
annoyed	짜증난
messy	지저분한
clean up	청소하다
mind	꺼리다
for oneself	스스로
else	다른, 그 밖의
maid	가정부, 하인
take responsibility	책임지다
responsibility	책임
disappoint	실망시키다
clean up after oneself	뒷정리를 하다, 청소하다
hire	고용하다

08

정답 ③

2차 세계 대전 후, 군인들은 배고프고 집 없는 아이들을 캠프에 데리고 갔다. (B) 이 캠프에서 아이들은 보살핌을 받았다. 하지만 밤에 그들은 잠을 잘 자지 못했다. 그들은 불안한 것처럼 보였다. 마침내 한 심리학자가 해결책을 발견하였다. (C) 그는 그들이 잠들기 바로 전에 그들에게 빵 한 조각씩을 주었다. 만약 그들이 더 먹을 것을 원하면, 더 많은 것이 제공되었다. 하지만, 그들은 그것을 먹지 않고 단지 그것을 쥐고 있었다. (A) 그 조각은 놀라운 결과들을 만들었다. 그 아이들은 내일 먹을 것이 있었기 때문에 잠을 잘 자기 시작했다. 그 확신은 아이들에게 평온하고 평화로운 휴식을 주었다.

해설

2차 세계 대전이 이후 군인들이 배고프고 집이 없는 아이들을 캠프로 데려갔다

는 주어진 글에 이어서, 그 캠프에서 아이들은 밤에 잠을 이루지 못했다는 (B)가 오고 아이들에게 자기 전에 쥐고 있을 빵 조각 하나씩을 더 주었다는 (C)가 온 후, 아이들은 내일도 먹을 것이 있다는 생각에 잠을 잘 자기 시작했다는 (A)로 이어지는 것이 글의 순서로 가장 적절하다.

어휘

take A to B	A를 B로 데려가다
slice	조각
produce	만들다, 생산하다
amazing	놀라운
result	결과; 결과로서 생기다
assurance	확신, 보증
calm	평온한, 고요한
peaceful	평화로운
rest	휴식
care for	돌보다, 좋아하다
seem	~처럼 보이다
uneasy	불안한
psychologist	심리학자
solution	해결, 용해
provide	제공하다

09

정답 ②

나는 비행기 여행을 무서워했다. 나의 친구들은 비행기 여행이 고속도로 여행보다 더 안전하다고 말했다. 하지만, 나는 많은 추락 장면을 보았고, 이러한 장면들이 나에게 일어나는 것을 상상했다. 그러던 어느 날 나는 친구들과 함께 비행기를 타고 아름다운 휴양지에 갈 기회를 가졌다. 나는 그런 멋진 휴가를 놓치고 싶지 않았다. 그래서 나는 아름답고 화창한 날에 안전한 비행을 상상하면서 2주일을 보냈다. 그 날이 왔을 때, 나는 다른 어떤 친구들보다도 더 가고 싶어했다. 놀랍게도, 나는 비행기에 탔고 비행의 매순간을 즐겼다.

해설

어느 날 친구들과 함께 아름다운 휴양지로 비행기를 타고 갈 기회가 생겼다는 의미의 주어진 문장은, ② 뒤의 '그러한 멋진 휴가를 놓치고 싶지 않았다'는 내용 앞에 들어가는 것이 가장 적절하다. 따라서 정답은 ②이다.

어휘

opportunity	기회
fly	비행기를 타고 가다, 날다
resort	휴양지
be scared of	~을 무서워하다
crash	추락, 충돌
scene	장면, 현장
miss	놓치다
vacation	휴가, 방학
spend 목적어 -ing	~하면서 (시간·돈)을 보내다
flight	비행
arrive	도착하다
surprisingly	놀랍게도
get on	~을 타다
every minute of	~의 매순간

10

정답 ①

사람들은 그들의 기분이 항상 변한다는 것을 깨닫지 않는다. 그들은 자신들의 삶이 과거의 어느 한 순간에 갑자기 더 나빠졌다고 생각한다. 예를 들어, 아침에 기분이 좋은 어떤 사람은 자신의 아내, 자신의 직업, 자신의 자동차를 사랑할 수도 있다. 그는 아마도 자신의 미래에 대해 낙관적이고 그의 과거에 대해 고마움을 느낄 것이다. 그러나 오후에 그의 기분이 나빠지면 그는 자신이 그 주위에 있는 모든 것을 싫어하고 그는 직업에서 아무 성과를 못보고 있다고 불평한다. 만약 그가 처지는 기분일 때 당신이 그에게 그의 어린 시절에 관해 물어본다면 그는 아마도 그것이 꽤 힘들었다고 당신에게 말할 것이다.
→ 사람들은 자신의 감정적인 상태에 따라 똑같은 상황을 다르게 경험한다.

해설

사람들은 자신의 감정 상태에 따라서 과거에 일어난 똑같은 상황을 다르게 표현한다는 내용의 글로, 빈칸 (A)에는 same(같은), (B)에는 emotional(감정적인)이 들어가는 것이 가장 적절하다.

② 어려운 - 경제적 ③ 제한된 - 신체적
④ 보통의 - 건강의 ⑤ 다양한 - 자연의

어휘

realize	깨닫다
mood	기분, 분위기
suddenly	갑자기
at some point	어느 순간에
past	과거
probably	아마도
optimistic	낙관적인
grateful	고마워하는
complain	불평하다
go nowhere	아무 성과를 못보다
career	직업, 경력
childhood	어린 시절
bad	처지는, 낮은
quite	꽤
situation	환경
depending on	~에 따라
state	상태
emotional	감정적인
limited	제한된
normal	정상의, 보통의
various	다양한

[11~12]

정답 11 ⑤ 12 ③

우리 사회는 젊은이 중심의 문화이다. 살아가는 방법을 알아내기 위해서 노인들의 말을 듣는 것은 우리 사회에서 매우 흔한 일은 아니다. 노인들은 자주 요양원에 보내지거나 외롭게 산다. 우리는 나이보다는 젊음에 가치를 두는 사회에서 살고 있다. 그렇지만, 수천 년 동안 인간 문화가 노인을 (경멸했던 → 공경했던) 이유가 있다. 75세의 수명은 우리의 삶에서 무엇이 중요한 것인지를 혼자서 배우기에 그렇게 많은 시간이 아니다.
몇 년 전 나는 자신의 가장 친한 친구가 그의 동네에 있는 한 연세 드신 분이라고 나에게 말한 한 소년을 만났다. 이런 유형의 우정은 많은 젊은이들에 의해서는 가치 있게 여겨지지 않는다. 내가 나의 삶을 돌아보면 나는 항상 나의 실수들로부터 배우려고 노력했다. 나는 내가 가진 것보다 더 많은 삶의 경험을 가진 나이 든 사람들로부터 현명한 조언을 받지 않은 것이 유감스럽다. 우리는 우리 삶에서 오랫동안 살았고 지혜를 얻었던 노인들을 필요로 한다.

해설

11
지혜로우며 삶의 경험이 풍부한 노인들의 의견을 듣는 것은 가치 있는 것이라는 내용의 글로, 이 글의 제목으로 가장 적절한 것은 ⑤ Value of Listening to Older People(노인들의 말을 듣는 것의 가치)이다.
① 재능 있지만 눈에 띄지 않는 사람들 ② 계속해서 당신의 인생을 검토하라
③ 행복을 위해 우리의 마음을 훈련하기 ④ 인생 교훈: 실수로부터 배워라

12
요즘은 젊은이 중심의 문화이지만 수천 년 동안 노인을 공경해 온 이유에 대해서 기술하려고 하고 있으므로 (d)의 disrespected(경멸했던)를 respected(공경했던)와 같은 단어로 고쳐야 한다.

어휘

youth-centered	젊은이 중심적인
find out	알아내다
common	흔한
nursing home	양로원
value	가치를 두다; 가치
reason	이유
human	인간
culture	문화
respect	공경하다, 존경하다
lifespan	수명
matter	중요하다
by oneself	혼자서
elderly	연세 드신, 노인의
look back on	~을 돌아보다
mistake	실수
receive	받다
advice	충고
experience	경험
elder	노인, 연장자
achieve	얻다, 획득하다
wisdom	지혜

MINI TEST 제 2 회

본문 p.104

01 ⑤	02 ③	03 ②	04 ⑤	05 ④	06 ②
07 ④	08 ③	09 ④	10 ③	11 ④	12 ④

01

정답 ⑤

저는 현재 수준으로 사회 보장 수혜금을 동결시키겠다는 당신들의 계획을 듣고서 당혹스러웠습니다. 당신들이 작년에 수혜금을 인상하겠다는 계획을 발표했을 때 우리 노인들은 당신들의 약속을 믿었습니다. 저는 당신들의 계획에서 갑작스런 변경을 이해할 수 없습니다. 우리는 열심히 일했고 세금도 납부했기에 저는 그 인상들이 꽤 합당하다고 생각합니다. 우리가 일하던 동안에 우리는 또한 사회 보장 제도에 자금을 충실히 제공했습니다. 저는 작년에 (세운) 당신들의 원래 계획을 따를 것을 강력히 요청합니다.

해설

작년에 약속한 사회 보장 수혜금 인상 계획을 동결시키지 말고 예정대로 따라 줄 것을 요청하는 글이므로, 필자가 주장하는 바로 가장 적절한 것은 ⑤이다.

어휘

upset	당혹스러운, 화가 난
plan	계획
freeze	동결시키다, 얼리다
benefit	수혜금, 이익
present	현재의
level	수준
announce	발표하다
increase	인상하다, 증가하다; 인상
senior citizen	노인
promise	약속
sudden	갑작스런
quite	꽤, 매우
reasonable	합당한, 합리적인
pay	지불하다
tax	세금
faithfully	충실히
fund	자금을 제공하다; 기금
strongly	강력하게
ask A to B	A에게 B하라고 요청하다
follow	따르다
original	원래의

02

정답 ③

시골에 있는 많은 학교들이 학생 수의 감소 때문에 이미 그들의 문들을 닫았다. 한때 어린이들로 꽃을 피웠던 학교 건물들은 외롭게 서 있다. 이제 그들은 공허함을 느껴야 할 필요가 없을 수도 있다. 그들은 지역 주민들의 필요를 충족시키기 위해 변화하고 있다. 그들은 이제 콘서트와 전시회와 같은 문화 행사들을 위해 지역 주민들에게 그들의 공간을 내주고 있다. 많은 문화적인 경험이 없던 사람들은 이제 오

랫동안 기다렸던 문화 행사들을 즐기고 있다. 비록 그들(방문객들)이 어린이들이 아닐 수도 있지만, 방문객들은 문을 닫았던 학교들을 곧 다시 활기차게 만들 수도 있다.

해설

학생 수의 감소로 폐교가 된 학교가 문화 센터로 거듭난다는 것이 글의 주된 내용이다. 따라서, 글의 제목으로 가장 적절한 것은 ③ Closed Schools Reborn as a Cultural Center(문화 센터로 다시 태어난 폐교들)이다.

① 학생들의 수가 감소하고 있다
② 많은 경제적 어려움 속의 학교들
④ 직업을 위해 자신들의 집을 떠나는 사람들
⑤ 시골 사람들의 어려움

어휘

because of	~때문에
decrease	감소하다; 감소
once	한 때
bloom with	~로 꽃이 피다
lonely	외롭게; 외로운
empty	공허한, 텅 빈
meet	충족시키다, 만나다
local	지역의, 동네의
space	공간
cultural	문화의
event	행사, 사건
exhibition	전시회
experience	경험; 경험하다
long-awaited	오래 기다려진
lively	활기찬
soon	곧
economic	경제의
reborn	다시 태어난

03 정답 ②

한 운전자가 시골 도로에서 두 명의 남자들이 무거운 자루들을 들고 가는 것을 보았다. 이것은 그가 라디오에서 들었던 것을 기억나게 했다. 즉, 두 명의 도둑이 열차를 세우고 돈으로 가득 찬 우편물 주머니들을 훔쳤다는 것이다. 그는 즉시 경찰에 전화를 했다. 경찰이 곧 현장에 도착했고 그들을 체포했다. 그들은 두 명의 남자들을 모두 조사했으나, 그들 중 어느 누구도 영어를 말할 수 없었다. 그들은 그저 계속해서 경찰에게 크게 소리만 질러 댔다. 나중에, 경찰은 그들이 끔찍한 실수를 했다는 것을 깨달았다. 그 남자들은 프랑스인 양파 판매원이었고, 그들의 자루들은 양파들로 가득 차 있었다!

해설

(A) 선행사가 없으며 관계사절 내에서 목적어 역할을 하는 관계대명사 what이 적절하다.
(B) 복수 명사 men이 뒤에 왔으므로 both가 적절하다.
(C) 실수를 한 것이 깨달은 것보다 앞선 일이므로 had made가 옳다.

어휘

carry	들고 가다, 나르다
cause	~하게 하다, 야기하다
thief	도둑
steal	훔치다(-stole-stolen)
mailbag	우편물 가방
be full of	~로 가득 차다
immediately	즉시
scene	현장, 장면
arrest	체포하다
question	조사하다, 질문하다
keep -ing	계속 ~하다
shout	소리 지르다
loudly	크게
realize	깨닫다
make a mistake	실수하다
terrible	끔찍한
onion	양파
seller	판매원

04 정답 ⑤

나의 아들 Gustav가 생후 두세 달쯤 되었을 때, 그 책(피노키오)은 4살짜리 아이들을 위한 것이기는 했지만, 나는 그에게 『피노키오』를 계속해서 읽어 주었다. 나는 이것이 지루하다고 생각했다. 하지만, Gustav는 그것을 좋아했고, 이 실험의 결과는 나의 모든 노력을 가치 있게 만들었다. 그는 대부분의 아이들이 그런 것보다 훨씬 더 빨리 말을 시작했고 거의 모든 페이지를 외웠다. 한 페이지의 한두 단어만 들었을 때, 그는 책의 나머지를 암송했다. 이 책의 어휘는 곧 그의 일상 대화의 일부가 되었다. 언어 발달에 관해서라면, 그는 그의 연령대보다 한참 뒤처져 (→ 앞서) 있었다.

해설

어릴 때 책을 읽어준 것이 자신의 아들이 또래보다 말을 빨리 시작하게 했다는 흐름으로, ⑤의 behind(뒤처진)를 ahead of(앞선)와 같은 단어로 바꿔야 한다.

어휘

keep -ing	계속 ~하다
though	비록 ~이지만
find A B	A를 B라고 생각하다, 여기다
boring	지루한
result	결과
experiment	실험, 시도
effort	노력
worthwhile	가치 있는
soon	빨리, 곧
memorize	외우다, 기억하다
almost	거의
recite	암송하다
rest	나머지, 휴식
part	일부, 부분

when it comes to	~에 관해서
language	언어
development	발달
far	훨씬, 멀리
age group	연령대

05

정답 ④

남아메리카 열대 우림 지역에, Desana라는 종족이 있다. 그들은 세상을 모든 생명체들 사이에 흐르는 고정된 에너지의 양이라고 본다. 따라서 그들은 각각의 탄생이 죽음을 대체하고, 각각의 죽음이 또 다른 탄생을 가져온다고 가정한다. 이런 식으로, 세계의 에너지는 변하지 않는다. 그들이 사냥할 때, Desana족은 그들이 죽이는 동물들이 영혼의 우물에 구멍을 남길 것이라고 알고 있다. 그러나 그들은 그 구멍은 그들(사냥꾼들)이 죽을 때 사냥꾼들의 영혼에 의해 채워질 것이라고 믿는다.

해설

Desana족은 죽음이 생명을, 생명이 죽음을 가져온다고 믿고 있다. 따라서 세상의 에너지는 변하지 않는다고 생각하고 있으므로, 빈칸에 들어갈 말로 가장 적절한 것은 ④ remains unchanged(변하지 않는다)이다.

① 더 강해진다 ② 끊임없이 성장한다
③ 쓸모없게 된다 ⑤ 서서히 사라진다

어휘

rainforest	열대 우림
tribe	부족
see A as B	A를 B로 보다
fixed	고정된
amount	양
flow	흐르다
creature	생명체, 동물
assume	가정하다
birth	탄생
replace	대체하다
death	죽음
bring about	가져오다, 야기하다
spiritual	영혼의, 영적인
well	우물
fill	채우다
soul	영혼
constantly	끊임없이
useless	쓸모없는
remain	(~인 채로) 남다
unchanged	변하지 않는
disappear	사라지다
gradually	서서히

06

정답 ②

지난 몇 년에 걸쳐 생태학자 John Terborgh는 큰 동물의 손실이 어떻게 자연계에 영향을 끼치는지를 직접적으로 관찰했다. 수력 발전 댐이 베네수엘라의 커다란 지역을 침수시켰을 때 Terborgh는 물이 수십 개의 섬을 만들어 내는 것을 보았다. 그것들(그 섬들)은 너무 작아서 재규어나 퓨마, 독수리와 같은 먹이 사슬의 꼭대기에 있는 동물들을 유지할 수 없었다. 이러한 동물들의 사라짐은 연쇄 반응을 야기했다. 원숭이나 가위 개미와 같은 동물들이 빠르게 자랐고, 후에 식물들을 손상시켰다. 결국, 생태계는 파괴되었다.

해설

댐 홍수로 인해 먹이 사슬의 상층부에 있는 큰 동물들이 사라지면서 연쇄 반응을 일으켜 자연계에 영향을 미친다는 내용으로 빈칸에 들어갈 말로 가장 적절한 것은 ② affects the natural world(자연계에 영향을 끼친다)이다.

① 토지 개혁을 장려한다 ③ 동물 발달로 이어진다
④ 새로운 종의 도래가 된다 ⑤ 국가적 관광 산업을 약화시킨다

어휘

ecologist	생태학자
observe	관찰하다
directly	직접
loss	손실
flood	침수시키다; 홍수
create	만들다, 창조하다
tens of	수십의
creature	동물, 생명체
food chain	먹이 사슬
such as	~와 같은
disappearance	사라짐
cause	야기하다
chain reaction	연쇄 반응
leafcutter ant	가위 거미
grow	자라다
damage	손상시키다; 손해
ecosystem	생태계
destroy	파괴하다
encourage	장려하다
reform	개혁
affect	영향을 끼치다
lead to	~로 이어지다
development	발달
result in	(결과적으로) ~가 되다
arrival	도래, 도착
species	종(種: 생물 분류의 기초 단위)
weaken	약화시키다
national	국가적
tourism	관광
industry	산업

07

정답 ④

내 친구들 중 한 명은 다섯 명의 형제자매와 함께 자랐다. 아이들이 너무 많아서 그녀의 가족은 "외출" 활동을 할 돈이 거의 없었다. 대신에, 그녀의 부모는 모든 종류의 게임으로 집을 채웠다. 아이들 모두는 자라서 모두 적극적으로 게임을 하는 사람이 되었다. 그 게임들

을 하는 것은 아마도 재미를 위한 것이었겠지만, 최종 결과는 교육적이었다. 내 친구는 『Scrabble』 보드를 통해 철자법을 배운 것과, 『Monopoly』를 통해 돈에 관해 배운 것을 기억한다. 그녀는 또한 그러한 게임으로부터 배운 것이 재미있었다고 말한다.

해설

재미 삼아 놀이를 했지만 결국 교육적이었다는 내용으로, 밑줄 친 부분이 의미하는 바로 가장 적절한 것은 ④ well-educated people(교육을 잘 받은 사람들)이다.

① 세심한 부모님들 ② 뛰어난 선생님들
③ 보드 게임 창조자들 ⑤ 전문 게임 개발자들

어휘

grow up	자라다
going-out	외출
activity	활동
instead	대신에
fill A with B	A를 B로 채우다
active	적극적인, 활동적인
probably	아마도
for fun	재미 삼아
end	최종의; 끝
result	결과
educational	교육적인
spell	철자를 쓰다[말하다]
scrabble	스크래블(어구의 철자 바꾸기 놀이와 crossword puzzle을 혼합한 놀이); 휘갈겨 쓰다, 할퀴다
monopoly	(놀이판에서 하는) 부동산 취득 게임, 독점, 전매
careful	세심한, 조심하는
well-educated	교육을 잘 받은
professional	전문가의
developer	개발자

08

정답 ③

세상에서 가장 화려한 새들 중 일부인 '극락조'가 뉴기니에 산다. (B) 한 과학자가 이런 새들을 연구했고, 그 섬에는 90종이 넘는 '극락조'가 있다는 것을 발견했다. (A) 그는 왜 그렇게 많은 종류가 있는지 연구했다. 그는 높은 산과 깊은 계곡 때문에, 그 새들이 자신들의 서식지에서 멀리 날아가지 않는다는 것을 알아차렸다. (C) 이 행동은 그것들이 다른 무리들과 접촉하지 못하게 했다. 이런 상황에서, 생존을 위한 새로운 유전자가 나타났고, 다음 세대로 전해졌다.

해설

세상에서 가장 화려한 새 중 하나인 '극락조'가 뉴기니에 산다는 주어진 문장에 이어서, 한 과학자가 이 새를 연구했는데 많은 종이 산다는 것을 발견했다는 내용의 (B)가 오고, 그 새의 종이 그렇게 많은 이유가 높은 산과 깊은 계곡이라는 자연환경 때문이라는 것을 알아냈다는 내용의 (A)가 이어지고, 이러한 행동으로 인해 극락조가 다른 무리들과 접촉하지 않고 생존을 위해서 다른 유전자가 나타났다는 내용인 (C)로 이어지는 것이 글의 흐름으로 가장 적절하다.

어휘

bird of paradise	극락조[極樂鳥]
colorful	화려한
study	연구하다
notice	알아채다
because of	~때문에
deep	깊은
valley	계곡
far	멀리
home	서식지
research	조사하다, 연구하다
find(-found-found)	발견하다
behavior	행동
prevent A from B	A가 B하지 못하게 하다
contact with	~와 접촉하다
situation	상황
gene	유전자
survival	생존
appear	나타나다
pass A down to B	A를 B에 전해 주다, 물려주다

09

정답 ④

부모들은 아이들에게 용돈의 의미를 어떻게 가르쳐야 하는가? 어떤 부모들은 돈은 그들이 버는 것이라는 것을 아이들에게 가르치기를 원하기 때문에 이것을 집안일과 연관시킨다. 한 아이의 어머니는 (집안)일들을 용돈과 연관시키는 것이 도움이 된다고 말한다. 그녀는 이것이 그녀의 아이가 돈을 벌기 위해서는 일을 해야 한다는 생각에 익숙해지도록 한다고 생각한다. 하지만 다른 부모들은 아이들이 노동 윤리에 대해서 이런 식으로 배워서는 안 된다고 믿는다. 오히려, 그들은 그것이 아이들이 해야 하기 때문이 아니라 무언가를 원하기 때문에 부모님을 돕게 만든다고 느낀다. 당신의 결정이 무엇이든지, 당신의 아이들이 왜 용돈을 받는지를 그리고 그것이 무엇을 의미하는지를 확실히 하라.

해설

다른 부모님들은 자녀들이 이런 식으로 노동 윤리를 배워서는 안 된다고 믿는다는 주어진 문장은, 자녀들이 돈을 벌기 위해 일한다는 생각에 익숙해지도록 한다는 내용과 상반되므로 ④에 들어가는 것이 가장 적절하다.

어휘

believe	믿다
this way	이런 식으로
meaning	의미
pocket money	용돈
link A with B	A를 B와 연관시키다, 연결하다
chore	집안일, 허드렛일
earn	벌다, 획득하다
helpful	도움이 되는
familiar	익숙한, 친숙한
rather	오히려
whatever	무엇이든지

decision	결정
make sure	확실히 하다

10

정답 ③

내가 알고 있는 두 명의 아버지가 있었다. 비록 그들 둘 다 열심히 일했지만, 한 아버지는 돈 문제에 관해서는 머리 쓰는 것을 원치 않았고, 다른 아버지는 머리를 운동시키려고 노력했다. 장기적 결과는 한 아버지는 재정적으로 더 약해졌고, 다른 아버지는 재정적으로 더 강해졌다는 것이었다. 그것은 소파에 앉아서 자신들의 스마트폰을 보는 사람 대 운동하러 체육관에 가는 사람과 많이 다르지 않다. 적절한 신체적 운동은 건강해질 당신의 가능성을 증가시키고, 적절한 정신적 운동은 부유해질 당신의 가능성을 증가시킨다.
→ 여러분은 여러분의 신체적인 힘처럼 경제적인 기술들도 개발해야 한다.

해설

돈 문제에 관해서 머리를 운동시키는 것은 건강하기 위해서 신체 운동을 하는 것과 많이 다르지 않다는 것이 글의 주된 내용이다. 따라서 빈칸 (A)에는 financial(재정적인)이, 빈칸 (B)에는 physical(신체적인)이 들어가는 것이 가장 적절하다.

① 학문적 - 정신적 ② 학문적 - 신체적
④ 재정적 - 감정적 ⑤ 기술적 - 정신적

어휘

brain	머리, 두뇌
when it comes to	~에 관해서
matter	문제; 중요하다
try	노력하다, 시험삼아 해보다
exercise	운동하다
long-term	장기적인
result	결과
grow	~가 되다
versus	…대(對)
gym	체육관
proper	적절한
physical	신체적
increase	증가시키다; 증가
mental	정신적
wealth	부유함, 부(富)
skill	기술
strength	힘
academic	학문적
emotional	감정적
technical	기술적

[11~12]

정답 11 ④ 12 ④

사람들은 자신들의 문제가 해결되기를 바란다. "뭐가 잘못됐죠?"와 "뭐가 문제죠?"와 같은 질문들은 중요하다. 하지만 사람들이 그것을 말하든 안하든, 사람들은 문제 해결을 위한 대화를 시작하기 전에 감정에 대한 약간의 인정을 종종 필요로 한다. 너무 자주 우리는 상대방의 감정을 인정하지 못한 채 곧바로 문제 해결로 건너뛴다. "우리가 저녁을 함께 했던 마지막이 언제였죠?"라고 당신의 아내가 말한다. 당신은 그녀의 말이 옳다고 깨닫고는 "자, 매일 밤 7시까지 집에 오도록 노력할게요."라고 말한다. 당신의 아내는 만족해하는 것처럼 보이지 않고, 당신은 무엇이 잘못되었는지 궁금해 한다.
당신 아내의 불만은 수학 문제가 아니다. 당신은 당신이 문제를 악화시켰다(→ 해결했다)고 생각할지 모르나 그녀의 숨겨진 질문은 답변이 되지 않았다. 당신의 아내는 먼저 자신의 감정이 인정받기를 바란다. "지난 몇 개월은 참 힘든 시기였죠, 그렇죠?" 또는 "당신이 외로움을 느끼고 있는 것처럼 들려요."라고 말하는 것이 더 적절하다.

해설

11

문제 해결을 위한 대화를 하기 전에 곧바로 해결책을 제시하지 말고 상대방의 감정을 인정해야 한다는 것이 글의 주된 내용으로, 이 글의 제목으로 가장 적절한 것은 ④ Acknowledge Feelings Before Problem-solving(문제 해결 전에 감정을 인정하기)이다.
① 당신의 일과 삶의 균형을 맞춰라
② 침묵은 최고의 해결책이 될 수 있다
③ 더 구체적인 정보를 요구해라
⑤ 다른 사람들의 말을 듣는 것은 그들이 너의 말을 듣게 하도록 도와준다

12

남편이 아내가 마지막으로 저녁 식사를 함께 한 것이 언제냐는 질문에 앞으로 집에 일찍 오겠다고 답변하며 문제를 해결했다고 느끼고 있는 것이 글의 흐름이다. 따라서 (d)의 worsened(악화시켰다)를 solved(해결했다)와 같은 단어로 고쳐야 한다.

어휘

solve	해결하다
conversation	대화
problem-solving	문제 해결
skip	건너뛰다, 거르다
acknowledge	인정하다
realize	깨닫다
make an effort	노력하다
seem	~처럼 보이다
satisfied	만족한
wonder	궁금해 하다
complaint	불평
worsen	악화시키다
hidden	숨겨진
tough	힘든
lonely	외로운
balance	균형을 맞추다
personal	개인의
silence	침묵
specific	구체적인
information	정보

MEMO

MEMO

MEMO

MEMO